学校安全工作

马雷军■主编

吉林大学出版社

图书在版编目（CIP）数据

学校安全工作／马雷军主编．—长春：吉林大学出版社，2011.5

ISBN 978-7-5601-7257-6

Ⅰ.①学… Ⅱ.①马… Ⅲ.①学校－安全管理 Ⅳ.①G474

中国版本图书馆 CIP 数据核字（2011）第 076910 号

书　名：学校安全工作

作　者：马雷军 主编

责任编辑、责任校对：陈颂琴　王蕾

封面设计：兆镜

吉林大学出版社出版、发行

北京市兴城福利印刷厂　印刷

开本：787×1092 毫米　1/16

印张：12　字数：190 千字

2011 年 5 月　第 1 版

2011 年 6 月　第 2 次印刷

ISBN 978-7-5601-7257-6

定价：25.00 元

社址：长春市明德路 421 号　邮编：130021

发行部电话：0431-88499826

网址：http://www.jlup.com.cn

E-mail：jlup@mail.jlu.edu.cn

编　委　会

主　编　马雷军

副主编　康彦涛　朱晟利　陈会众

编　委　（以姓氏笔画排序）

王春明　王　忠　龙　阳

刘　旭　梁　艳

前言 Preface

近些年来，在校师生群死群伤的恶性安全事故时有发生，这不仅对学校师生的生命安全形成了严重的威胁，而且对学校的教育教学管理造成了严重的干扰！正如袁贵仁部长曾经提到的："生命不保，何谈教育！"如何在现有形势下进一步提高学校的安全防范水平，如何进一步增强教育工作者防范与应对学校安全事故的能力，成为了一个亟待解决的问题。也正是如此，近些年来针对教育行政部门、学校管理人员和一些教师的安全教育培训逐渐受到各级教育行政部门和各级各类学校的重视。

作者在长期的学校培训当中深切的感受到，目前针对教师进行学校安全培训方面的书籍十分匮乏，既有理论概括又有实践应用性的教师安全知识读本更是难觅其踪，所以很多教育行政部门或学校在进行相应培训的时候经常苦于没有合适的教材。另外在教育教学实践中，一些对学校安全问题感到困惑的校长和教师也难以找到一本答疑解惑的书籍。因此，我们着手撰写了这本既适合在职教师闲暇时自行阅读，又适合学校集体培训时使用，兼备理论指导性和实践操作性的教师学校安全读本。我们真诚地希望我们的努力能够切实的增强教育工作者的安全意识，提高安全知识，从而避免学校的各种安全事故的发生，在最大限度上保障在校学生、教师的生命财产安全，保障学校教育教学工作的正常开展。

因为作者的水平有限，编写的时间也比较紧张，所以书中难免还有一些谬误，希望广大读者和同行专家不吝赐教。同时本书的编写也参考了大量的文献资料，再次谨向相关作者表示感谢！

马雷军

2011 年 3 月于教育部中央教育科学研究所

目录 Contents

第一章　学校安全的基本理论

第一节　安全与学校安全

一、学校安全概述

安全是与危险相对应的概念,它们是人们对生产生活中是否可能遭受健康损害和人身伤亡的综合认识。按照系统安全工程的认识论,无论是安全还是危险都是相对的。与安全对应的是危险,没有危险就是安全;安全是相对的,只要客观事物存在,就有安全问题;对客观事物危险程度的认识,因主体认识不同而异;危险程度与主体的主观感觉有关系;安全与否的基本衡量标准是主体接受程度或者感觉。

安全是人类生存和发展的重大命题,在人类的生存历史当中,人们在大自然生存的过程中不断地认识自然、改造自然,同时逐步地使自己的生产、生活方式与大自然相和谐。在中国古代社会,人们就逐渐摸索出了安全生产和安全生活的一些基本规律。例如,我国著名的水利工程"都江堰"就将以往严重的水患问题解除,同时为农田灌溉创造了良好的条件,为人们创造了安全的生存环境。现代安全的理论、方法和模式是在20世纪50年代开始进入我国的,在20世纪六七十年代,我国开始对安全理论进行了较为深入、系统地研究,到20世纪末,安全理论在工业生产管理当中的研究已经初具体系。

学校安全,是指在学校的职责范围内,不发生学生和教职工伤害和财产损失的事故。学校安全工作直接关系到学校的教育教学能否正常开展、素质教育的教育目标能否正常实现,也关系到千家万户的幸福、社会的安定团结,是社会和人民群众非常关心的问题。学校安全具有自身的规律和特点。所以在学校的安全工作当中,除了要按照一般安全规律,还要按照教育自身的规律开展工作。一般来说,学校安全包括狭义的理解和广义的理解。狭义上的学校安全就是指发生在学校内或与学校直接相关的地点和场所的伤害性事件。一般情况可以包括以下几类:一是自然灾害事件,如地震、洪水、台风等;二是社会性灾害事件,包括火灾、漏电事故、建筑事故、社会动乱等;三是卫生灾害性事件,包括传染病流行、食物中毒、其他中毒事件等;四是校园暴力伤害事件,包括恐吓、群体性暴力、校园动乱以及意外伤害事故等。狭义上的学校安全可能是由于人类活动造成的,如校园暴力、火灾、食物中毒、建筑物倒塌或学校设施发生故障等,也可能是由一些自然因素引起的,如洪涝灾害、地震、传染病等。不管是哪种因素造成的,最终结果都会给学校成员带来身体上的伤害。而广义上的学校安全除了指身体上的安全外,更强调心理上的安全。任何对个人的威胁和伤害都可以看成是安全问题。安全的学校不只是保障学生和教师身体、心理安全的地方,而且应该是让学生和教师相信,他们就是处于一个安全的环境中。在这里,教师和学生可以安心并愉快地工作和学习,个人的财产和学校的财产都不易被盗窃、破坏和损害,教学和学校其他的事件不会被破坏或打乱;学生和教师之间相互尊重,按照促使更加有效地教学和学习的方式行事。①

进入21世纪以来,学校安全问题日益得到社会的重视,学术界也逐渐开始加强对学校安全的研究。在最初的学校安全的研究当中,学者比较注重学校安全的法律责任,对于学校安全当中的法律责任,尤其是学生伤害事故的民事法律责任问题进行了较为深入的研究。来自法学和教育的两支研究队伍分别从不同的角度对学生伤害事故进行了研究,并取得了丰富的学术成果。近年来,学校安全的研究已经逐渐扩展到学校事故的预防和应对层面,如何预防学校事故的发生,如何建立学校的立体防控体系,以及学校安全的应急管理问题研究开始纳入了研究的视野。但同欧美、日本以及我国的港台地区的学校安全问题研究相比较,我们同其还具有一定的差距,这种差距一方面是实践经验的匮乏;另一方面是专业研究队伍的匮乏。所以,学校安全的研究在我国依然任重而道远。

二、学校事故概述

《现代汉语词典》将"事故"解释为:多指生产、工作上发生的意外损失或灾祸。在学校安全工作当中,学校事故是指造成师生死亡、伤害、财产损失或其他损失的意外事件。所以,学校事故是一种意外事件,是人们从主观上不希望发生的,但是因为不可抗力、过于自信、麻痹大意或者少数人故意造成的。

---

① Daniel L. Duke 著,唐颖,杨志华译:创建安全的学校——学校安全工作指南,中国轻工业出版社2006年版,第5页。

学校本身就是社会的缩影，其产生的安全问题可谓形式多样。学校的事故有多种分类方法，其中事件的后果是人员死亡、受伤或者身体的损害就称为人员伤亡事故，如果没有造成人员伤亡就是非人员伤亡事故。另外，我们还可以将学校事故分为自然灾害事故、学校设施事故、教育教学事故、体育运动事故等。按照其发生范围划分，可以分为校内安全问题和校外安全问题；按其发生对象划分，可分为教职员工安全问题和学生安全问题。根据《中华人民共和国教育法》、教育部《教育系统突发公共事件应急处置预案》及北京市、上海市等高等学校云集的大城市地方制定的《突发公共事件总体应急预案》《影响校园安全稳定事件应急预案》等有关法律和安全应急预案，目前学校安全事故的类型划分如下。

（一）社会安全类事故

社会安全类事故是指涉及学校的突发政治性、群体性安全事件，以及可能诱发群体性事件的其他不稳定事端。包括由国际国内重大事件或涉及国家、民族尊严和领土完整问题引发的以学生为主体的，在校内发生的非法聚集、游行事件；由于重大政策调整或涉及学生切身利益问题引发的学生罢课、罢餐、聚集、集体上访等群体性事件；学校改革发展过程中，由于校内外经济纠纷等造成的校外人员干扰学校正常秩序、校门被围堵、办公场所被冲击等突发事件；校园及周边发生的、对学校产生直接或间接影响的重大治安刑事案件；学生非正常死亡、走失等可能引发学生群体性反应的突发事件；恐怖分子、对社会不满分子在校园制造的爆炸、投毒等突发事件；校内发生的宣传国家分裂、民族对立等有悖国家法律的活动，外籍和港、澳、台、侨师生未经批准举行的政治性活动等突发事件；其他可能引发群体性事件的突发事件。

（二）事故灾难类安全事故

事故灾难类安全事故是指涉及学校的突发灾难事故。包括楼堂馆舍等发生的火灾、建筑物倒塌、拥挤踩踏等安全事故；校园大型群体活动公共安全事故；学校组织师生外出实习、参观、考察等活动安全事故；造成重大影响和损失的校园供水、供电、供气、供热等事故；造成重大影响和损失的实验室事故；校园内发生的各类生产安全事故；影响学校安全与稳定的其他突发灾难事故等。这类安全问题突发性强，可控性极低。

（三）公共卫生类安全事故

公共卫生类安全事故是指涉及学校的突然发生并造成或者可能造成师生员工健康严重损害的事件。包括学校内突发群体性食物中毒、传染病疫情、群体性不明原因疾病、因预防接种或预防性服药造成的群体性不良反应；因校内外环境污染造成的学校人员急性中毒事件；学校内或学校所在地区发生的、可能对师生健康造成危害的突发公共卫生事件，如传染性非典型肺炎、高致病性禽流感等由卫生部门发布的严重影响公众健康的公共卫生事件等。

（四）自然灾害类安全事故

自然灾害类安全事故是指涉及学校的可能或已经发生的对学校建筑设施、师生人身安全造成危害的洪水、地面沉降等自然灾害、地质灾害，大风、沙尘暴、冰雪、强降雨、雷电等城市气象灾害，破坏性地震及由地震诱发的各种次生灾害等安全问题。

（五）网络与信息类安全事故

网络与信息类安全事故是指涉及学校的网络与信息安全突发事件。主要包括校园网及学校办公管理、教务管理和财务管理信息系统。具体包括利用校园网发布反动、色情、迷信宣传活动等有害信息；窃取、伪造学校的保密信息，可能导致严重后果的事件；攻击校园网造成学校信息系统应用平台瘫痪；破坏校园信息网络系统的关键通信线路、节点设备，造成校园网无法正常、有效运行；因不可预见的原因造成学校网络信息系统大范围损害、无法正常有效运行等事件。

（六）考试类安全事故

考试类安全事故是指涉及学校的各级各类考试中，在命题管理、试卷印刷、运送、保管等环节出现泄密事件，以及在考试实施、阅卷评分过程中发生的致使考试工作中断的突发事件。

（七）治安类安全事故

治安类安全事故是指涉及学校的各种治安案件，具体包括学生之间或学生与校外人员发生的打架斗殴、师生员工物品失窃、师生员工受到性骚扰、上当受骗等社会治安类安全问题。

（八）其他学校安全事故

其他学校安全事故是指涉及学校的其他安全问题，如校园交通事故、火灾、学生因心理疾病或情感问题做出极端行为，以及教职员工触犯的影响国家安全的问题等。此类安全问题一直被当成学校安全管理的重中之重，已有一套相对完善的管理手段，发生概率极小，但一经发生，其负面影响及损失不可估量。①

三、学校安全工作的意义

袁贵仁说："生命不保，何谈教育。"人身安全是社会安全中最重要的一部分。学生的安全是学校和家长最关注的问题。

影响公共安全的因素很多，包括自然灾变，如风灾、水灾、地震等；以及人为灾变，如火灾、核能灾变、化学灾变、暴力等。各项灾变又具不确定性、复杂性、时机迫切和信息不全等四个特点，因此，其对公共安全所带来的威胁，是众人可以想象得到的。而在学校方面，因为相关人员对于意外事件的不熟悉，以及欠缺处理的经验，故亟需建立安全管理制度；另外，一般师生对于人为事故或自然的灾变认识不够，当发生重大意外灾害时，相当依赖其他政府机关的专业判断，例如美国 NSSC（National School Safety Center, 1984）就提供各国中小学校园安全的原则以及评鉴，因此，校园安全管理对于当前学校教育来说，具有相当重要的意义。

（一）做好学校安全工作是各级教育行政部门、各级各类学校对国家、对社会、对人民应尽的义务

教育事业是整个经济社会的重要组成部分，学校的健康发展和稳定对经济社会的稳定和发展有着重要的影响。在当前加快改革开放，全面建设小康社会的形势下，学校安全工作更显得尤为重要。我国各级各类学校在校学生有 3 亿多人，教育人口占全国总人口的四分之一左右，教育工作牵涉到全国城市、农村的千家万户，学生的安全更是举国瞩目。青少年学生是祖国的未来，而他们正在成长之中，相当一部分学生还不具备足够的安全意识和自我保护能力，需要学校、政府和全社会的精心爱护、保护。最近有几个数字引起我们的高度警惕，在全国各类安全事故中，学校安全事故所占的比重有增长的趋势，很多事件是十分令人怵目惊心的。学校的根本任务就是培养人才，学校的一切任务为了学生们的健康成长。各级教育行政部门和学校的主要领导要充分认识肩负责任

---

① 毛发虎：当前我国高等学校安全问题研究，中央民族大学硕士论文，第 16 页。

的重大,要牢固树立安全第一、"责任重于泰山"的观念,决不能有任何侥幸心理,不能有丝毫松懈麻痹思想,要坚持警钟长鸣。必须认识到,确保学生生命安全是教育战线实现好、维护好、发展好人民群众根本利益义不容辞的重大责任,也是办好让人民群众满意的教育的基础和前提。各类学校和教育行政部门要从实践"三个代表"重要思想的高度,从推进全面建设小康社会进程的高度,从维护改革发展稳定大局的高度,以对广大师生员工的生命和国家、个人财产安全高度负责的精神,认真落实好学校安全工作。

(二)学校安全工作是各级教育行政部门、各级各类学校的基本责任

学校安全工作关系广大师生员工的生命和国家、个人财产安全,关系学校和社会的发展、稳定。做好教学科研工作,不断提高教育教学质量和管理水平,是学校的主要任务。但认真执行国家法律法规,按要求建立健全的学校安全工作制度,落实领导责任制,排除校园内的安全隐患,提高教师和学校工作人员的安全意识,实施安全教育,是做好教育工作改革发展的前提,同样是学校的基本责任。

要牢固树立安全工作是学校重要日常工作的基本观念,把安全工作纳入学校的重要议事日程,优先安排人力、物力、财力资源。树立正确的发展观,确立"一保安全、二保稳定、协调发展"的工作原则。学校的日常管理,是取得和巩固改革与发展成果的基本条件。管理工作水平不到位,已经取得的成果也不能持续。学校安全工作就是最基本的管理工作之一,要放在关系到学校长远的改革和发展大计的高度来认识。如果一个学校连安全工作都没有做好,那这个学校的工作就是不合格的,其他也就是空谈。我们应该统一这样的认识:健康安全第一,责任重于泰山。

各级教育行政部门、学校的领导和工作人员,都要提高责任意识。近年来学校安全事故情况的分析已经表明,大多数的事故原因是责任心不强、管理工作不到位。比如危房改造,近几年真正因危房倒塌而死人的情况不多,而因停电、楼道灯不亮等责任心问题、管理问题导致楼梯拥堵、学生踩踏事故而死人的不少,而且一死就是十几人、几十人,令人十分痛心,但是这些事件还没有引起人们足够的重视,教训非常惨痛,要牢牢记取。实际上,加强学校安全工作管理并不存在知识和技术手段的障碍,直接的原因就是教育管理者重视不够、责任心不强,对明显存在的隐患熟视无睹。

（三）加强学校安全是当前和今后一段时间教育工作的当务之急

改革开放以来，我国各级各类教育事业取得了长足的进展和显著的成绩，事业规模的快速发展、历史上的投入欠账和发展时期的投入不足使得学校设备老化、更新改造不及时的现象比较突出。近年来，国家和各级政府采取了一定的措施，加大了对学校基础设施的投入力度，但问题尚未根本解决。应该实事求是地看到，继续加大投入力度，彻底消除校园内存在的各类安全隐患，任务仍然十分艰巨。因此，今后一段时间，必须把学校安全工作放在突出位置，加强管理和防范，务求消除安全隐患。要充分认识安全工作的艰巨性、长期性，力戒形式主义，坚持下大力气、不懈努力、狠抓落实，尽快建立起学校安全工作的长效机制。要认真总结经验，不断研究学校安全工作中出现的新情况、新问题，加强学校安全工作的前瞻性、预见性，坚持预防为主，标本兼治。

第二节　学校安全的基本原则

一、安全第一的原则

“安全第一”的原则是指在学校的教育教学工作中，应当将学校的安全工作放在一个首要的位置。当学校的安全工作与其他教育教学工作发生矛盾和冲突时，要以学校的安全工作为重。这主要体现在学校的安全管理部门和人员的安全措施优先于其他部门的决策；学校安全专用基金划拨优先于其他费用支出；安全知识教育优先于其他教育教学；安全检查和考评在学校考核工作中应占有重要的比重。学校安全既是学校一切教育教学活动的一个基本目标，同时也是教育教学活动有效开展的一个基本保障。“安全第一”的原则就是要处理好安全工作与学校教学的关系，在保障学校师生人身和财产安全的基础之上开展教育教学活动。

二、珍惜生命的原则

“珍惜生命”的原则是指在学校的安全工作中，要将学生和教师的生命安全放在重要位置上。具体来说，当人身利益与财产利益发生冲突时，应当以师生的人身利益为重。现代价值观更重视人的生命，将生命视为最宝贵的东西。

生命只有一次，即使是十分宝贵的财产，也无法与生命和健康等值。充分认识人的生命与健康的价值，是学校安全工作中必须坚持的重要原则。

三、预防为主的原则

“预防为主”的原则是指在学校的安全工作中，要坚持防患于未然，消除事故隐患，提前采取应对措施。学校是学生生活的主要场所，也是良好的学习环境。因此，应该坚持“凡事预则立，不预则废”“预防胜于补救”的理念，对可能发生危险的人、事、物等因素，妥善规划，在事前就进行评估、推测、检查与预防，以避免遗憾的事情发生。隐患险于明火，防范胜于救灾，责任重于泰山。实现学校安全最关键、最重要的战略，就是要从隐患入手，积极、自觉、主动地实施消除隐患的战略。事实证明，事前的预防及防范方法胜于事后被动型的救灾方法。因此人们应该通过各种合理的对策和方法，从根本上消除事故发生的隐患，把学校事故的发生率降到最低。在学校安全工作的实践中，“预防为主”是保证学校安全最明智、最根本、最重要的指导思想。

四、科学性原则

“科学性原则”是指在学校的安全工作当中，要根据自身条件，理论与实践相结合，合理、高效地开展安全工作。在学校的安全工作中，不能盲目地认为投入的资金和人力越多越好，这样不仅影响了学校的其他工作，也使教职工和学生为此疲惫不堪。有的学校盲目地按照书本要求开展学校安全工作，而没有考虑到自己学校的一些实际情况、特殊情况。有的教育行政部门在开展安全工作时，缺乏必要的调查、研究、论证，缺乏相应的理论基础，从而使自己的工作停留在一种疲于应对的状态。学校的安全工作不能仅仅依赖于以往的经验，一定要建立在科学理论的基础之上，以科学的安全管理理论来指导学校的安全工作。另外，时代在进步，科技发展日新月异，校园安全管理自应依据科学原则，进行系统性的整体规划。尤其时值信息时代，科技的运用相当普遍，结合网络信息平台作为校园安全管理的科技支撑，以适应校园安全各项因素的变异性需要，做有效地管理，乃是刻不容缓的事。

五、协调治理原则

“协调治理原则”是指学校的安全工作不仅需要学校内部各个部门的积极配合，同时也要和社会、家庭密切联系、相互配合，争取教育行政部门之外其他相关政府机关的配合。学校的安全工作需要家庭、社会以及教育部门以外其他政府部门的大力支持,尤其是公安、交通、消防、防疫、城管、安全监督等多个部门的支持与配合,单单靠学校是无法圆满完成这项工作的。学校安全不仅仅是学校自己的事情,还需要教育行政部门、公安司法部门、社区组织、社会媒体、学生家长等多方面的努力和支持。众人皆知,学校不是真空,学校各种事情的发生都要受到来自于社会多方面的影响。教育行政部门如果将保证学校安全作为自己的一项任务,那么就会从学校的实际出发,考虑学校在人力、物力、财力等方面的需要,为学校提供较为充分的客观条件,帮助学校减少或避免各种事故的发生。社会其他各方面如果都能多考虑一点学校的安全需要,就会为保证学校安全创造一个和谐的环境,多给学生一些积极的影响,多给学校一些帮助,以便学校安全计划的顺利实施。[①] 另外,学校的安全工作也需要学校内部各个部门之间的积极配合,相互支持,例如课堂教学安全需要学校教务部门主抓,学生活动安全需要学生主管部门主抓,食堂饮食安全需要学校后勤部门主抓,但各个部门之间的工作也需要相互配合。

六、尊重人性原则

学校教育的对象是"人",学校一切安全管理的设施,皆应尊重人性需求,以学生全人格的发展为重要的考虑因素,提供安全无障碍的学习环境,是校园安全管理的重要任务。所以,学校安全工作不能以牺牲学生各方面的发展为代价,一切要以尊重人性为基本的原则。

七、分层负责原则

有专家提出,在学校的安全管理中应当建立"横向到边,纵向到底"的安全管理体系。为适应学校组织分层化的体制,发挥学校行政管理的功能,建立分层负责的行政组织,是保证安全管理制度有效运作的途径,透过诸事皆有专职人员的管理,并建立逐级负责检核制度,才能更好地完成校园安全管理的任务。

① 杨颖秀:美国学校安全措施及其启示,现代中小学教育,2001 年第 2 期。

第二章　社会安全类事故的预防与应对

第一节　社会安全类事故概述

一、社会安全类事故的内涵

社会安全类事故是指对公众生存环境造成巨大冲击的事件，如恐怖事件、城市水灾、瘟疫传染病、群体性暴乱、政治骚乱、粮食安全、水安全、金融安全、网络安全、校园安全等重大安全事件。

二、校园里社会安全类事故的特点

（一）危害大，影响深远

校园社会安全事件的危害很大，它一般会对正常的教学秩序产生很大的影响，甚至会造成很大的冲击；会在学生和教师心中产生沉痛的阴影；会对学生和教师的人身安全造成巨大的威胁；会使学校周围的群众产生恐慌心理；会对正常的社会秩序和公共安全形成不良影响，乃至会引起社会的不稳定。

（二）事故受害者低龄化

校园里的社会安全事故有事故受害者低龄化的特点。相对于高年级学生，低年级学生的生活经验和安全知识都比较欠缺，安全意识相对淡薄，自我防护能力也比较差，这是导致低年级学生安全事故多发的主要原因。而一些暴力事件、意外事件的对象便指向了这些低年级的学生，指向了这些无辜的受害者。

（三）事故地点多元化

因为学生从离开校园到回到家中还有一段路程，这期间便有了很多不确定因素，所以事故多发地点主要集中在上下学路上、江河水库和学校及周边地段。据统计，在各类中小学生事故中，有32%发生在学生上下学路上，其中以交通事故为主，也包括个别学生斗殴、强奸、抢劫、杀人等事故；有39%发生在学校里，其中以校园伤害和学生斗殴为主，另外还有少数踩踏、房屋倒塌、一氧化碳中毒等事故;24%发生在江河水库和公路的事故,其中以溺水事故为主,包括个别发生在非学生上下学路段公路上的交通事故;5%发生在学生家中,包括个别学生自杀、一氧化碳中毒、火灾等事故。

(四)节假日是事故多发期

暑假和周末等节假日及其前后是溺水、自杀等事故的集中多发期,在这段时间学生的主要精力都集中在游玩上,自我防范意识淡薄,因此,导致了很多悲剧的发生。

三、校园安全防范对策

(一)让安全防护的意识渗入课堂、渗进学生的头脑

学校要做好安防工作,首先要让学生了解安防,然后才能进行遵守和维护教育。因此,学生入校后,第一时间要上好的课就是"安全课",要让学生在老师的指导下,理解安全防范的原理、掌握安全防护的技能与应急处理办法以及一些相关的法律知识等。学生则需要掌握基本的安全知识,进而把安全防护意识渗入到自己脑中、日常生活和学习中。

(二)安全防范教育重在实战

安防的突出特点是应用性、实用性、超前性。学生通过学习安防的知识,至少能保证遇到一般险情会选择正确的处理方法,不至于在遇到紧急情况时过于紧张或者手忙脚乱。如在火灾中会报警、会扑灭初期的火、会使用灭火器、会选用正确的方法逃生。在交通安全上要懂得依法参与交通出行、正确识别标志线、明确违章事故的法律后果和参与交通者应尽的义务、会应急处理等。在遇到地震等自然灾害时知道如何逃生、如何在艰苦的环境中求生、如何保护自己的生命等。在传染性疾病蔓延时要知道如何预防疾病的发生、如何进行简单的治疗、如何增强自己的免疫能力等。在预防杀人盗窃等暴力犯罪上,能做到防微杜渐、防患于未然,即早预防、早发现、早报警。所有的安全教育都要落到实处,这样学生才能切身体会到安防的重要性。

(三)学校需要完善矛盾纠纷和排查化解机制以及学校风险评估机制

学校应该完善矛盾纠纷和排查化解机制,也要建立风险评估机制。各地党

委、政府要高度重视，大力加强，重点支持，同时组织力量把本地区存在的各种矛盾纠纷排查清楚，逐一登记造册，逐一落实责任，逐一跟踪查办，切实有效解决。同时要求建立健全维护社会稳定和重大决策风险评估机制，切实解决群众最关心、最直接、最现实的问题，从源头上预防和减少矛盾与纠纷。这些属于国家的大政方针，落实到学校就是要切实维护师生的利益。

（四）校园发展要与校园安防同步推进

校园安全是否被重视，关键是看是否提到学校工作的议事日程上，即要做到与学校发展同规划、同布置、同检查、同考核、同奖惩，让学校的安全防护工作与其他重要的工作放到同一个平面上考虑。具体要做到五个方面：一是学校的安全管理要与学生生活的正当需求相和谐；二是学校的资金投入要与学校发展的安全提升同步；三是对于学生的管理要结合学生的最大需求来确定；四是学校的教学管理也要与学生的最大需求相一致；五是学校后勤保障要根据学生的正当需求来确定。

总之，要消除校园安全的隐患、扭转校园安全问题严重的局面，必须采取综合有效的治理措施。这样才能解决困扰着国家、社会和学校教育事业正常、和谐开展的难题，才能最终促进国家教育事业健康、高效地发展，才能确保校园成为一方神圣安全的净土。

第二节　恐怖袭击事故的预防与应对

一、恐怖袭击的概念和特征

（一）广义概念

恐怖袭击是激烈的犯罪行为，它依靠其强大的破坏力所产生的恐惧和威吓来影响受害者之外的观众。恐怖组织和恐怖分子使用一定数量的战术，引起人们的恐惧和迫使政府向恐怖分子屈服。这些战术包括抢劫、刺杀、临时爆炸装置（如路旁炸弹）、生物和化学武器、自杀性炸弹和绑架。恐怖活动的方式主要包括袭击、劫持、破坏等。袭击如爆炸（对人员、建筑和车辆等目标的爆炸）、暗杀、自杀性袭击，生物、化学、核袭击，信息袭击，投毒和纵火等；劫持如劫持人质，劫持飞机，劫持车辆等；破坏如破坏交通枢纽等重要设施或系统。

（二）校园恐怖袭击类事故的特点

恐怖袭击类事故在不同的国家和地区呈现不同的特点，而现在在学校——宁静的象牙塔内却上演了一次次的校园恐怖袭击的血案。福建南平、广西合浦、西雷城、江苏泰兴、山东潍坊连续发生校园血案，虽然具体犯罪动机可能不同，但有一些共同特点——怀着报复社会的动机杀向无辜的弱者，这些事件可以概括为校园恐怖袭击事故。

校园恐怖袭击类事故造成的校园血案具有如下特点：

一是凶手多是因为个人问题得不到及时解决而长期生活在压抑环境中的心理失衡或变态者。

二是犯罪地点均选择在校园。校园安全防范意识差，管理松懈，给犯罪分子制造校园血案以可乘之机。同时，校园里都是身体柔弱的教师和毫无反抗能力的学生，犯罪目的较易得逞。此外，校园也是备受社会关注的公共场所，容易产生社会轰动甚至连锁反应，以便犯罪分子要挟政府达到个人目的。

三是犯罪手段残忍，后果极其严重。每起案件的受害人都在15人以上，凶器多为杀伤力很大的刀具，甚至爆炸物品。

二、校园恐怖袭击类事故的原因

（一）转型时期的震荡

随着转型时期人们思维方式、生活方式、行为方式和道德价值观念等的变化，这一时期的社会矛盾以利益冲突和碰撞为突出特点，日益呈现出错综复杂、公开激烈的态势，不可避免地给现有的社会运行体系造成了强烈震荡，如处置化解不当，稍有不慎便会诱发违法犯罪。

（二）社会保障机制薄弱

当前我国的社会保障机制较为薄弱，还不能从根本上解决下岗职工、失业人员、失地农民、拆迁群众等弱势群体的后顾之忧。如果这些弱势群体在合法权益受到侵害后，既得不到与经济社会发展水平相适应的补偿，又不能通过社会保障机制消除后顾之忧，自然会表现出强烈的对抗情绪以捍卫自己的切身利益，有的甚至不惜走上以身试法的道路。

（三）心理疏导机制滞后

心理疏导被人们称作“温柔的精神按摩”，是社会矛盾的减压阀。特别是在人们采取司法救济、行政途径、上访渠道等方式均未能达到自己的诉求目的时，心理疏导就尤其显得重要。但是，当前社会的心理疏导机制却严重滞后，极不适应转型时期社会矛盾大量产生的急剧变化，致使有的人在诉求无法实现时，精神得不到慰藉，心态得不到平衡，加之自身不善调理，从而在“司法不公”、“上访无门”的心态下极易产生“报复社会”的极端念头。

三、校园恐怖袭击类事故预防机制的建立

（一）明确校园管理机构，进一步明确职责

明确规定校园安全防范的管理机构。强调“谁主管谁负责”的原则。学校的校长应是本单位的安全防范责任人，对本学校的防范工作全面负责。扎实抓好保安队伍建设，严格情况信息报告制度。负责人在抓安全工作中要注意突出工作重点，形成工作合力。要联合公安机关、消防部门及综合治理部门，切实抓好校园周边环境的整治工作，消除不安定因素，净化校园环境。联合广电、工商、文化和新闻出版部门，采取有效措施，加强对校园生活的正面报道力度，及时消除不良信息的影响，净化校园的舆论环境。

（二）提高认识，将校园恐怖袭击防范纳入日常工作议程

提高师生公共安全意识。学校应该对提高师生员工公共安全意识负有责任。一方面，学校要对目前各级政府所采取的种种管理措施、预警制度有清醒的认识和理解，予以配合并积极遵守；另一方面，学校还要对预案实施中的防范、救护、避难、灾难恢复等措施积极组织员工演练，并对师生进行必要的宣传、教育和演练。总之，要想应对和解决校园面对的恐怖袭击犯罪，除了加大打击力度外，更应当加强防范，把科学严谨的预案落到实处。

（三）要加大对校园公共安全建设的投入

从经费、编制、装备各方面予以保障。校园恐怖袭击不仅对学校的人员素质能力提出了考验，而且对学校的硬件设施也提出了要求。比如，对学校进行实时影像监控，并在学生上下学路口、事故多发地点、出入口等重点部位安装可视探头等监控设施及紧急报警装置。只有加大对校园公共安全建设的投入，从经费、编制、装备各方面予以保障，才能筑起防范校园恐怖袭击的技术堤坝。

四、校园恐怖袭击类事故应对机制的建立

(一)召开危机处理事后检讨会

对危机时所作的处理方式及学校的危机沟通政策再做一次评估,以作为下次改进的依据。评估的重点可包括:发言人发言是否恰当、是否按照危机沟通手册执行、处理的优缺点何在等,就这些观点加以评估,以作为改善的依据。

(二)加速复原工作,内部同仁心理创伤的治疗

心理危机的干预治疗,可能需要较长的时间,加上治疗工作本身情况复杂多变,因此干预治疗的方案不是一次就能完成的,要根据治疗的进程以及受害者情况的变化,不断修订干预治疗方案。危机干预技术主要有两类,一是支持技术,二是解决问题技术。其中支持技术,是指旨在尽可能地解决心理危机,使病人的情绪状态恢复到危机前水平的一类技术。它具体包括暗示法、疏泄法、环境改变法、镇静药物法等。而解决问题技术,是指采用"明确问题、确立方案、执行方案、解决问题"的方法来处理危机的技术。它通常包括七个步骤:明确存在的问题和困难;提出各种可供选择的解决问题的方案;罗列并澄清各种方案的利弊及可行性;选择最可取的方案;确定方案实施的具体步骤;执行方案;检查方案的执行结果。通过把危机转化为具体的问题,处理起来就能方便操作了。不过,由于危机的实际情况不同,相应选取的干预技术也应该相一致,这样才能使危机得到合理的处理与化解。

(三)形象重塑:逐步挽回因危机事件而受损的组织形象

突发性危机事件往往是一种完全超出学校能力掌控的社会安全事故,即使偶然,但既然危机会发生,必然有其原因与疏漏。虚心检讨,找出原因,加强预防措施,并感谢所有参与任务的单位与个人,发感谢函与说明信件给相关家长,以取得各界对学校的信任。学校也可以向公众承诺纠正不当行为,保证目前问题只是个别现象,类似事件将不再发生。这体现的是行为与本质脱离的策略。最后,学校也可以直接承认错误,向有关利益人公开道歉,寻求公众的原谅。需要指出的是,在危机管理的实践中,学校由于担心承担法律责任,很少做出寻求公众原谅的明确声明,而是倾向于着重表达自身危机事件的遗憾之情。

经典案例

潍坊市小学凶杀案

案例描述:2010年4月30日7点40分左右,山东省潍坊市坊子区九龙街道尚庄村村民王永来(男,45岁),骑摩托车携带铁锤、汽油,从学校侧门强行闯入尚庄小学,用铁锤打伤5名学前班学生,然后点燃汽油自焚。王永来被当场烧死,5名受伤学生目前无生命危险。

案例分析:因为在学校中学习和生活的主要是未成年人,所以针对学校的恐怖事件非常容易得手。无论是在我们国家,还是其他国家都是这个样子。因此,加强学校、教师和家长的危机意识,引起社会的高度关注是我国目前学校安全工作亟待解决的问题。

对于学校安全的维护,尤其是预防针对学校的恶性犯罪,一方面是社会各界、政府相关职责部门对校园周边环境的治理。例如公安部就曾出台八项措施专门维护学校和幼儿园周边治安秩序。

这八项措施包括:

(1)对发生在校园及周边,侵害师生人身、财产权利的刑事和治安案件,实行专案专人责任制;

(2)在学校周边治安复杂地区设立治安岗位,有针对性地开展治安巡逻,强化治安管理;

(3)根据需要向学校、幼儿园派驻保安员,负责维护校园安全;

(4)每月选派民警至少2次到中小学、幼儿园担任法制副校长或法制辅导员,负责治安防范、交通和消防安全宣传教育;

(5)在地处交通复杂路段的小学、幼儿园派民警或协管员维护校园门口道路的交通秩序;

(6)在学校、幼儿园设置人行横道等警示标志;

(7)在有条件的学校或幼儿园设置放学时段临时停车泊位,方便接送学生的车辆停放;

(8)对寄宿制学校每年至少组织1次消防监督,并督促其依法履行消防安全职责。

预防针对学校的恶性犯罪,另一方面也要靠学校自身的防护。其中,门卫制度就是学校的第一道防线。阻止校外无关人员进入学校是学校门卫的工作重点。目前，一些学校还没有合格的门卫或保安，甚至没有门卫和保安，这就给学校的安全造成了很大的隐患。

第三节 财产盗窃事故的预防与应对

财产盗窃行为是指以非法占有为目的，窃取他人数额较大的财物，或者多次窃取的行为。关于财产盗窃事件，一直都是数不胜数。在社会上、单位里、居民区中、校园内，但凡是有人居住的地方，有财产存放的地方都不可避免地上演着这类财产盗窃事故。所以对于这类事故我们并不感到陌生。然而由于受到社会上不良风气的影响，校园财产盗窃案件也开始逐年增加，由此引发的校园治安问题也越来越严重了。尤其是宿舍盗窃案件、教室盗窃案件、图书馆盗窃案件，甚至食堂盗窃案件，这些已成为校园里的公害，它不仅使师生的财产遭受损失，还使正常的教学秩序遭到干扰，甚至在师生中造成了恐慌情绪，使学校师生谈“偷”色变，对盗窃事件深恶痛绝。因此，研究校园公寓盗窃案件发生的原因、规律及其防范措施，对减少校园盗窃案件的发生有着重要的意义。

一、校园财产盗窃案的规律和特点

（一）作案手段与方式多样化

校园财产盗窃案主要有以下几种作案方式：

1. 顺手牵羊、乘虚而入

顺手牵羊是指盗窃者趁受害人不注意，将放在桌上、走廊、阳台等处的钱物信手拈来而占为己有；乘虚而入则是指盗窃者趁受害人不在，趁受害人房门、抽屉未锁之机入室行窃。如果校园的管理混乱，而且学校内来往的人员很复杂，就为这类盗窃案件的盗窃者提供了很好的机会。

2. 撬门扭锁

在这类盗窃案件中，当犯罪分子得知宿舍内、教室中或其他藏有财物的房间无人时就采用插门缝、撬门锁或直接撞门等方式入室行窃。这类案件通常具有室内翻动较大、抽屉、箱子常被撬坏的特点。犯罪分子主要窃取现金和价值较高又便于携带的贵重物品。对于那些平时粗心大意，忘记锁门窗的师生来说，他们的疏忽将会为犯罪分子提供千载难逢的好机会。

3. 窗外钓鱼

窗外钓鱼即犯罪分子用竹竿等工具在窗外将受害人的衣物等贵重物品钓走，有的甚至把纱窗弄坏，钓走受害人放在桌上、床上的物品。

4. 翻窗入室

翻窗入室指的是犯罪分子通过攀爬气窗、窗户、阳台等进入室内盗窃，所以没有安装护栏的窗户、露台，包括门上气窗，窃贼都有可能翻入。盗窃目标与撬门扭锁者往往比较相近。

5. 溜门行窃

溜门行窃即盗窃者乘房门未关严或室内无人之机盗窃作案。作案手段与"顺手牵羊"相似，但性质不同。"顺手牵羊"是临时起意，溜门入室是有备而来。此类偷窃目标主要是现金、手机、数码相机之类的电子产品及笔记本电脑，如果盗窃时被人发现，盗窃者常以找人等借口抽身逃离，他们一般不带作案工具，作案时间短，作案后迅速逃离现场。如果破案者不能在现场抓个正着，破案难度会增加。

除上述五类作案手段之外，还有偷配钥匙，预谋行窃，以会友、找老乡、卖东西等名义混入宿舍，乘机行窃等作案手段。

（二）失窃场所以低层和高层为主

失窃场所大多位于低层的宿舍、教室或其他场所。由于这些地方缺少必要的防盗设施，所以在这些地方经常会发生攀爬阳台、翻窗入室的案件。

一些位于高层的宿舍或者教室由于极少被人注意，经常空无一人，所以也极易发生溜门入室、撬门入室、钥匙开锁等案件。

（三）涉案物品趋向贵重

校园丢失的常见物品有自行车，因为校园里自行车比较普遍，而学生一般防范意识较差，所以自行车丢失现象一般比较严重。现在更多的趋向于手机、笔记本电脑、MP4、MP5、无记名有价证券、现金等物，这些物品因体积小、价值高、便于偷盗和销赃，成为犯罪嫌疑人的主选目标。

盗窃银行信用卡并冒领存款的案件时有发生，主要都是内部人员所为。

（四）作案人员成分复杂

校园盗窃作案人员组成主要有以下三类：

1. 内部人员

他们多为本班、本寝室或生活在周围地区的其他人员，或被高校惩处过的离校人员，他们对事主的生活规律及钱、财、物的存放地点非常了解，一旦动手，极易得逞。内部人员的作案具有有目的、有准备、速度快的特点，在现场极少留有破坏痕迹，所以侦破起来有一定难度。

2. 外来人员

他们往往打扮成学生模样，以认老乡、探亲友、找同学、寻求帮助、推销物品等理由，悄悄混入学生宿舍等待机会作案。

3. 内外勾结

校内人员联合校外人员进行作案，他们对侵害对象和目标比较了解，几乎次次都能得手。

（五）侦查复杂

无论是顺手牵羊，还是溜门行窃，它们通常都具有时间短暂、隐蔽性强、手法简单等特点，被盗现场往往留有的痕迹和物证都很少，即使有一些也很难提取，所以导致破案难度增大。

（六）时间规律性

由于学生的生活规律性，作案时间也呈现出明显的规律性，大多发生在以下时段：

（1）刚入学或放假前学校比较混乱时，宿舍、教室或其他存放财物的地方容易被盗。

（2）在节假日、寒暑假期间，易发生撬门扭锁盗窃、偷盗自行车及其他财物的事件。

（3）上午第一、二节课时或晚自习时学生财物易被盗。

（4）夏秋季节，由于天气比较闷热，所以很多学生喜欢开窗睡觉，这样就容易被"钓鱼"盗窃，由于开门多，所以还易发生乘虚而入的盗窃。

（5）学校举办大型文体活动，外来人员剧增时，发生盗窃的可能性也会增加。

（6）学校开大会、考试、周末看电影等，因宿舍同学走空，教室也没人在，所以此时容易被盗。

（7）新生军训期间，宿舍长期无人居住，易被盗。

(8)夜晚时候,因教室没人,学校存放财物的地方也很少有人把守,所以会给偷窃者以可乘之机。

二、校园盗窃案发生的原因

(一)从学校方面来看,部分校园治安防范工作相对滞后,不能有效遏制案件发生

随着社会的进步,校园改造扩建的加快,"跨区域、多校区、社会化、大开放"已成为多数学校的发展模式,但是,与此同时,校园及周边治安环境日益复杂,所以校园的安全防范工作难度也就相应加大。主要表现在:

(1)校园进出人员复杂,学校缺乏有效管理。社会上的不法分子利用学校开放式办学的机会,轻易就能混入学校实施犯罪行为。

(2)校园治安防控网络不完善,防范力量相对薄弱。特别是宿舍缺乏相应的防盗基础设施、配套的管理力量以及严格的管理制度,学校偏僻的路段没有监控录像设备,有些存放财物的地方虽配备了管理人员但形同虚设,不能切实发挥守护宿舍、保护财物安全的作用。

(二)从师生个人来看,校园宿舍钱财物相对集中,师生自我防范意识薄弱

随着人们生活水平的提高,在校师生的可支配现金日益增多,手机、电脑等贵重物品已经渐渐成为师生的日常消费品。由于师生个人防范意识不强,有的门不关,有的抽屉不锁,有的钥匙、贵重物品、有价证卡及其密码保管不当,有的随口说出个人的私密信息,所以不法分子能够轻而易举地实施犯罪也就不足为奇了。

(三)不法分子逐渐将侵害目标从社会面转向校园面,客观上导致了校园案件的频发

当前,公安机关正着力加大对社会治安防范控制的力度,政府机关、企业、居民社区等区域的内部治安工作经过多年的摸索和经验的总结,防范措施相对严密,不法分子在社会上实施违法犯罪行为的风险较大。所以不法分子将侵害目标转向安全防范管理较为薄弱、钱财物比较集中的校园,尤其将目标锁定在学生宿舍。所以校园盗窃案件数量逐年上升,已成为影响校园安全稳定的突出治安问题。

三、校园财产盗窃事故预防机制的建立

(一)加强学生的思想道德教育和法制教育,提高学生的自控能力

1. 认真抓好学生的道德品质教育

帮助学生树立正确的世界观、人生观和道德观,使每个学生都具有良好的道德风尚,从根本上预防和减少学生盗窃行为的发生。

2. 加强对学生的思想教育

一方面抓好学生的日常行为教育,不断提高学生自觉遵守日常行为规范的思想意识,使其逐步养成良好的行为习惯;另一方面有针对性地进行思想教育。针对不同层次的学生,采取不同的教育方法,做到对症下药,因材施教,只有这样才能收到事半功倍的效果。

3. 加强学生法制教育,增强法制观念

这是提高学生素质的重要一环。现代社会是法治社会,所以我们要善于利用法律来维护学生的合法权益。在学校教育中,我们要根据不同层次人员的特点,对他们进行有针对性和实效性的法制教育,使学生真正做到学法、知法、守法,做一名遵纪守法的好学生。

(二)加强防范意识教育,采取有效措施,确保校园财产安全

首先,针对师生员工防范意识的薄弱环节,充分利用"法制宣传栏""法制讲座"、校园广播、组织法律辩论赛等多种形式对师生员工进行广泛的防范意识教育,积极引导师生员工自觉做好防范工作。

其次,针对作案分子的作案规律和特点,采用相应的防范措施,比如:一是通过写通知、列标语、各类安全知识讲座等各种宣传形式,提醒和要求师生妥善保管好自己的贵重物品;二是在每年新生入学期间,学校为新生开办暂时代管现金服务,教师或学校其他的组织将新生带在身上的多余现金集中保管,以防被盗。如果有条件的话让学生将现金就近存入银行;三是在每年寒暑假期间,要求学生将各种贵重物品带回家或放在学校集中保管。

(三)强化治安防范和管理

1. 加强重点部位防范,实行技防、人防与物防相结合

由于犯罪分子作案手法胆大妄为,单靠人防的力量是微不足道的。在这

种复杂的情况下，就得实行人防与技防相结合的方针。近年来学校对重点防范部位都安装了防盗报警摄像头，在校门口安装监控系统，防范效果日益好了起来。

2. 严格门卫管理

配合学校门岗监控系统的使用，实行凭证进入门岗制度，减少外来人员进校，防止社会上犯罪分子潜入校园作案。

四、校园财产盗窃事故应对机制的建立

校园财产盗窃事故发生之后，我们要有积极的应对机制，只有这样才能够把损失减少到最低。

（一）发挥群防群治作用

针对人员密集和繁杂的特点，要积极开展综合治理，充分发挥群防群治作用，以取得较好的效果。学校主要可以通过以下几种途径来开展工作：

（1）在学生宿舍区，发挥公寓管理人员的作用，保卫干部和学生公寓管理干部，深入其中协助并指导做好学生宿舍治安应对工作，同时在学生宿舍楼建立学生治保小组，以学生为主体进行自我管理，要求学生义务轮流参加本宿舍楼的治安值班，协助做好治安保卫工作，达到减少学校内盗窃案件的发生，一旦发生可疑情况，要尽快配合有关部门进行调查取证。

（2）建立应急值班小组，参与校园值班巡逻，接受报警求助，处理突发性事件，减少各类案件发生。

（3）在每年寒暑假期间，认真组织部分留校学生参加公寓值班工作，这样做，一方面可发挥学生的自我管理作用，另一方面也加强了校园的安全防范，有利于保护学生的利益。

（4）要充分发挥保卫队的作用，要让保卫队分别划分管理的区域，及时联络，这样一旦发生情况就能够变被动为主动，制止案件的发生。

（二）提高破案率，打击校园犯罪活动

学校盗窃案件发案率高，但破案率低，这是因为校园盗窃案件大多属于小偷小摸行为，内部人作案居多，因此破案难度大。但也不是没有破案办法，只要深入了解和掌握作案分子的作案规律，弄清周围与校园盗窃案件有关的人、事、物之间的相互关系和内在联系，就不难找出破案的办法。

1. 掌握规律,积极调查

选择频发案件的地点,组织一帮强大的力量,潜伏守候,同时隐蔽起来一举抓获犯罪分子,这是当前打击校园公寓犯罪活动的一种可行方法。

2. 追查赃物,捉拿案犯

在校园里一旦发现赃物,就立刻追查其来源,这也是破案的有效方法。

3. 了解周边环境,有利于案件的破解

一些学校周边环境十分复杂,各色人员鱼目混珠。有的学校紧靠农村、工厂,并且周围出租屋多,网吧多,废品收购站多,各类人员混杂居住,学生安全实在让人不敢恭维。因此,学校保卫人员应经常深入这些地方与有关人、事、物接触,有目的地了解、掌握和熟悉相关的信息,并通过调查走访了解相关的信息,这也是侦破案件的一种方法。

经典案例

学生宿舍被窃案

案例描述:曹某等四名学生是某私立学校的高三学生,住在同一宿舍。一天晚上,四人晚自习后一起回到宿舍,发现宿舍的门被撬开,经检查,发现丢失了共计600元的财物,四名学生在向班主任报告后,要求学校赔偿。

案例分析:学校对于住宿生是收取了一定的住宿费用的,因此与学生之间形成了一种合同关系,尽管大多数学校向学生提供宿舍并不以营利为目的,但不营利并不能成为学校免责的理由。如果合同一方当事人的重大过失,导致对方当事人财产损失的,其法律责任是不能免除的。在本案中,假如学校对学生宿舍疏于管理,宿舍秩序混乱,因而给盗窃分子造成可乘之机的话,学校就会承担责任。但如果学校的宿舍管理并没有问题,学校就不会承担赔偿责任。

第四节　学生斗殴事故的预防与应对

在校园内打架斗殴等暴力事件表面上看来只是一种个别的、简单的社会现象,其实具有深层复杂的社会心理背景,它给青少年造成的危害,远远不止身体上的创伤,更严重的是,会在心理上导致孩子们心灵的扭曲,在孩子幼小的心灵上播下了仇恨的种子,危害无穷。如果此种现象任其发展蔓延,必将危害一代人的健康成长，甚至会毁掉年轻的一代，这将会阻碍国家的长远发展和社会的不断进步。对此，学校、家长和社会绝不能等闲视之。因此探究以学校打架斗殴为主的校园暴力形成的原因、预防与应对措施有着重大的现实意义。

一、暴力与校园暴力的定义

1996年，在日内瓦召开的世界卫生大会正式宣布，暴力为危害健康的重要原因，并从医学的角度将暴力定义：蓄意地运用躯体的力量或权力，对自身、他人、群体或社会进行威胁或伤害，造成或极有可能造成损伤、死亡、精神伤害、发育障碍或权利剥夺的行为。校园暴力是近年来在教育界提出的一个新概念，是社会中常见的一种暴力形式，一般泛指发生在青少年之间、与学校的教学活动有直接关系的暴力行为，既包含了发生在校园内的暴力事件，也包括了发生在校园外但与学校有着直接关系的暴力行为。在本节，我们以校园学生斗殴事件为主来分析这一社会安全事故。

二、学校斗殴事故的主要表现

据中国青少年犯罪研究会统计资料表明：近年，青少年犯罪总数已占到了全国刑事犯罪总数的70%以上。发生在中小学等未成年人之间的搜身、拦截、殴打、强行索取财物、人身伤害等现象屡屡发生，一些学校竟有10%左右的中小学生受到过不同程度的侵害。概括来说，校园暴力的情况主要表现在以下三个方面：

（一）物欲犯罪

我国经济是市场经济，经济的迅猛发展对青少年成长一方面具有积极的、正面的影响；另一方面也非常容易诱发青少年拜金主义、享乐主义的思想。最终使青少年世界观、人生观和价值观发生扭曲，导致其形成不健全的人格，最终使其走上歧途。如今青少年的经济来源有限，为了满足物质欲望，部分青少年往往走向违法犯罪的道路。据调查，近年来，青少年抢劫犯罪已由原来的随意性向特定性方向发展，犯罪手段由原来的仅仅凭借拳脚施暴、砖头威胁转向使用武器，如手持匕首、棍棒、屠刀等。

（二）团伙犯罪

渴望友情、乐于合群，是青少年独有的一种心理需求，这是青少年们独立意识的外在表现。青少年往往在父母面前封闭自我，而更爱与自己年龄相仿、兴趣相同的伙伴在一起，形成一伙群体。青少年斗殴等暴力的组织形式具有团伙性特点，违法犯罪也便多以团伙形式出现。据调查，一些未成年犯罪人员往往是在校的双差生、辍学生、流失生。这些人往往是学校的落后群体或者是由于邻里关系，或者是结识于游戏机、录放厅等游戏场所，他们有着共同的失落感、消极心理和低级的志趣，这一切就像黏合剂一样把他们聚合在一起。因此，团伙犯罪成为青少年犯罪的主要形态，其社会危害性极大。

（三）恃强凌弱

青少年生理和心理发展并不是完全一致的，青少年在生理上迅速成长，他们的体力在大大增强，而心理水平的提高却相对缓慢一些，这就使得他们缺乏调节和支配自己活动的能力，常常表现为过剩的精力。这些精力有时使用不当，甚至在不良因素的影响下，容易导致他们进行暴力性的违法犯罪活动。

三、学校斗殴事故形成的原因

以学校斗殴事故为典型的校园暴力事件的产生是由青少年本身的因素以及外界多方面因素共同影响的结果。

（一）青少年身心发育特点

中小学校园里的学生正处在由心理依赖向个性独立过渡的时期，有了一定的思想和自主判断问题的能力，但并不成熟，对事物的判断还是很主观，往往缺乏社会经验；但是他们喜欢把自己看成成年人，希望做大人做的事情，但他们不能完全控制自己的行为，也不能处理好人际关系；他们很容易受到家庭、学校和社会中的暴力现象、游戏和其他娱乐方式中的暴力行为的影响，乃至仿效其他危险行为，如酒精和药物滥用等；他们容易在遇到不知如何处理的情形下，通过极端的方式（如暴力）去解决问题。

（二）社会的影响

社会的激烈竞争在潜移默化地影响着青少年的生活，这些压力使得青少年感到惶恐不安，而学校里学到的知识暂时还不能帮助他们克服这种压力带来的影响，因而他们往往采用其他的方式来排解压力。而且现在是网络时代，大众传媒的负面影响不容忽视，许多青少年就是在暴力内容的影响下误入歧途的。

(三)学生思想教育工作的疏漏和偏差

有些学校片面追求升学率,学生的课业过于繁重,考试及排名过于频繁,这会引起学生情绪的波动,从而导致校园暴力事件的发生;而学校对学生的思想、情绪了解不够,教师对学生的人格教育几乎没有,几乎没有过问过学生内心的想法,这样就会使学生养成好斗的坏习惯。

(四)家庭环境的影响

家庭环境对青少年的成长有着举足轻重的作用。家庭环境的和谐可以促使他们形成健全的人格,而家庭环境的恶化、家教功能的失效都会影响到青少年的身心健康。许多有暴力行为的青少年多出自于问题家庭,如单亲家庭、重组家庭等。

四、学校斗殴事故预防机制的建立

当前防范校园暴力应从以下几个方面入手:

(一)学校要做到领导重视,常抓不懈

学校及校主管部门领导要高度重视校园暴力的防范工作,指定分管领导重点抓好这项工作,学校保安人员要切实履行自己的职责,学校要定期分析研究学生的思想动态及校园治安的形势,做好"重点人"的工作,对有关校园暴力事件要从严处理,以达到震撼及教育一些后进学生的效果。

(二)加强家庭教育,营造良好环境

家庭是青少年的第一教育阵地,父母是他们最直接的老师。所谓"子不教,父之过",因此,在家庭生活中,父母一定要对自己的言行负责,自己的每一个举动都将会对孩子产生较大影响,在教育孩子的时候既要告诉他们要戒骄戒躁,又要鼓励他们再接再厉,要对他们的缺点加以指正,又要告诉他们的优点要继续发扬,要言辞恳切地教育他们,又要中肯地给予他们评价,让他们从教育中体会到父母的爱和家庭的温暖。

(三)强化心理教育和法制教育

针对当前学生中出现的部分学生在人格上争强好胜、自我中心、报复心强或怯懦、逃避、承受能力差等行为偏差问题,学校应加强学生的心理知识教育和心理技能训练,开展心理健康方面的知识讲座,开设心理健康教育课堂,为青少

年提供解决心理烦恼和困惑的途径，培养青少年形成良好的性格和品格。学校应强制对学生进行法制教育，重点学习《中华人民共和国刑法》《中华人民共和国未成年人保护法》《中华人民共和国预防未成年人犯罪法》《中华人民共和国教育法》《中华人民共和国治安管理处罚法》等，讲清同学之间的体罚、变相体罚、人格侮辱、打架斗殴等是一些犯罪行为，讲明16周岁以上的未成年人对于所有刑事犯罪都要承担刑事责任，提高学生的识别能力。同时还要加强学生的理想、道德、集体主义、社会主义的教育，培养他们树立科学的世界观、人生观和正确的价值观，做一个对社会有用的人。

五、学校斗殴事故应对机制的建立

（一）加强管理，提高管理人员素质

校园暴力应对的第一要务是加强管理。

首先要加强管理师资队伍建设，选拔和任用有爱心、有责任感、有正义感的教师充实管理队伍，任用其担任班主任和学生科干部，对师生加强法制和安全教育，增强师生的法制意识和自我保护意识。经常了解学生的思想动态，与学生交朋友，以期得到学生在情感上的认可，愿意将自己的心里话跟老师诉说，取得老师的帮助和指点。

其次要选好学生干部，把那些品学兼优、乐于做社会工作的学生选拔为学生的“头”，担任学生会干部、班长、副班长或宿舍“舍长”，这样就可以形成监管互动的网络，保证信息畅通，一旦发现不良苗头，管教人员应立即行动，将暴力消除于萌芽状态。

要加强学校保卫工作。严格门卫登记、管理制度，控制外来人员进入学校。保卫人员要加强责任心，夜间加强巡逻。学校门卫要坚守工作岗位，建立登记制度，防止社会不法分子窜入学校内外勾结作案。学校保卫部门对于违法行为要予以坚决打击，以保护广大学生的合法权益。

要制定校园暴力防范预案，对可能引起矛盾激化事件的当事人要逐一排摸登记，耐心接待，尽力做好化解工作。明确责任人，并要落到实处。

（二）在学校斗殴事故发生时老师需要告诉学生以下几点

第一，在打架斗殴事件发生之时，首先告诉自己不要害怕。要相信邪不压正，相信社会上一切正义的力量都是自己的坚强后盾，会坚定地站在自己的一

方，千万不要轻易向恶势力低头。而一旦内心笃定，就会散发出一种强大的威慑力，让坏人不敢贸然攻击。

第二，大声地提醒对方，他们的所作所为是违法违纪的行为，会受到法律的严厉制裁，他们会为此付出应有的代价。同时迅速找到电话报警，或者大声呼喊求救。

第三，如果受到伤害，一定要及时向老师、警察申诉报案。不要让不法分子留下“这个小孩好欺负”的印象，如果一味纵容他们，最终只会导致自己频频受害，陷入可怕的梦魇之中。

(三)加强学校、家庭和社会之间的联系，共同构建良好的教育环境

学校要与家长取得联系，定期将学生在学校的表现情况通报给家长，与家长沟通，以期取得家长的配合，利用假期学生返乡时机或通信联络方式协助对学生进行教育，防止家长将孩子推给学校而不闻不问。要与社区取得联系，净化学校周边的环境，对问题网吧、迪吧、舞厅、游戏厅或不法娱乐场所，建议有关部门予以取缔，远离学校，为学校创造一个安定、清静的办学环境。

(四)需要利用法律武器维护自己的权益

公安、司法等各级政法机关要切实关心青少年的健康成长，一方面送法律进校园，多做法制宣传，预防校园斗殴事故的发生；另一方面，当校园暴力发生时，用法律的武器维护校园安宁，还青少年一片健康成长的净土，对孩子的关注永远不要结束。

经典案例

学生提前下课后发生的斗殴事件

案例描述：1999 年 10 月 17 日，某中学高二(1)班上午第四节课是政治课。在部分学生的要求下，政治老师提前 15 分钟就下了课，同学们蜂拥奔向学校食堂。因为时间太早，学校的值勤老师和学生代表还没有到食堂，所以打饭的秩序混乱，其中学生贾某和杜某因为排队发生争执，引起斗殴。期间被同学拉开一次后，贾某又在食堂外拣起一块砖头，重新冲向杜某，并将其头部砸破。闻讯赶来的老师立即将杜某送往医院，但事后杜某因伤经常恶心呕吐，有近半年的

时间没能正常上学。杜某的家长因此将学校和贾某告上法庭,要求赔偿杜某的损失。法院经审理后判决由该中学赔偿杜某各种损失的50%,合计2万元,由贾某赔偿杜某的经济损失的30%,合计1.2万元,杜某自行承担20%的损失。

案例分析:本案中,贾某和杜某的过错是明显的,两人因为在食堂打饭排队时发生冲突,就大打出手,所以应当承担相应的责任,其中贾某在被同学拉开后,又手持砖头,继续冲向杜某,并将杜某砸伤,所以过错更大。但学校为什么会承担责任呢?学校承担责任是因为在学校的教育教学中存在过错,具体到本案中,其过错主要体现在政治教师没有按照学校规定的时间按时下课,而是自行决定提前下课。因为提前下课,所以学校食堂的值勤老师和学生代表还没有到位,致使学生提前处在无人监管的状态,这是造成杜某受伤的一个主要原因。法院在判决中也认定教师提前下课的行为明显不当,因此判决学校承担50%的责任。

第五节　校园抢劫事故的预防与应对

青少年抢劫犯罪,已日益成为影响校园稳定的严重问题,也逐渐成为全社会亟需解决的问题之一。

一、校园抢劫的特点

(一)犯罪团伙化特点

青少年处在特殊的年龄阶段,这就决定了他们具有势单力薄、求众好胜的犯罪心理。他们通过成群结伙可以相互壮胆,可以增加安全感,可以减少恐惧感。在同伙之间,他们互相教唆,互相利用,互相依存。这些犯罪团伙相对稳定,他们多是臭味相投,有一定的组织形式,首犯和从犯比较明确,有的带有黑社会性质。团伙犯罪的猖獗对社会造成的危害远远超过了单个或一般的共同犯罪。

(二)反复性特点

青少年的思想具有很大的可塑性,极易受外界的影响,往往是“近朱者赤,近墨者黑”。违法犯罪的青少年,经过教育,痛哭流涕,表示要改邪归正,表现出易于接受改造的一面。但另一方面,也存在较大的反复性。例如,犯罪分子出狱以后，受到同伙的教唆，又没有自控能力，他们照样违法犯罪。有的青少年犯罪前只是“一面手”，劳教后则变成“多面手”，重新犯罪。青少年重新犯罪的一个突出特点，就是所犯新罪往往比以前犯的罪严重得多。所以加强研究重新犯罪的特点和规律，预防和控制重新犯罪率是一项极其重要的任务。

（三）犯罪低龄化特点

几年前，青少年抢劫犯罪的平均年龄还在17岁以上，而近年青少年犯罪的平均年龄却只有15.7岁，平均年龄下降了两岁。一些参与抢劫案的未成年人才刚刚12岁，一些刚满15岁的少年就已经参与过多次抢劫。这些孩子本应是在校学习的学生（其中有辍学者，也有在校生），但是却犯下如此重罪。这些现象不能不引起社会的深思。

（四）犯罪成人化特点

青少年在这一时期求知探索欲旺盛，模仿性极强，尤其是对坏事物的接受能力强，感染快，再加上现代信息的传播便利，人们的交流增多，使犯罪方式、作案手段在青少年中的传播速度很快，因此其犯罪的方式和手段趋于成人化。并且未成年人犯罪有些已经向智能化方向发展，并采用现代化的一些技术手段和方法进行犯罪。

二、校园抢劫案形成的原因

（一）社会文化多元化的影响

好奇心和模仿欲强是青少年心理发展的重要特点之一，他们面对纷繁复杂的文化差异，根据外界事物对感官刺激的强弱去接受周围环境的各种不同影响。但由于自我控制能力和是非判断能力不强，在这种缺乏统一标准的、多元化的社会化过程中，他们常感到迷惘和无所适从，因而，也就导致他们偏离社会规范，进而导致自身行为的偏差，以致走上违法犯罪的道路。

（二）大众传播媒介中不良文化的影响

随着科学技术的发展，大众传播手段越来越多元化，广播、电视、报刊、信息高速公路日新月异的发展，使大众传播媒介对青少年的影响越来越大。大众传媒中不乏具有消极影响的不良文化，这些不良文化很容易诱导青少年走向犯罪。青少年时代富于“英雄幻想”，同时体质精力过剩，在此期间他们承担的社会责任和义务较少，对暴力产生的后果往往没有意识到。同时他们又有强烈的模仿心理，因此，暴力形象刺激了青少年的暴力倾向，使其产生暴力崇拜后，就大大增强了青少年暴力犯罪的倾向。

（三）过度追求物质利益而导致的社会心理失衡的影响

随着社会主义市场经济体制的不断完善和发展，以及生产力水平的不断提高，人民的生活水平也得到了极大的改善，但同时也造成了许多新的社会问题，如人们消费欲望的高期望值与低实现值的巨大反差，人际关系的金钱化、冷漠化，道德水平的滑坡，社会分配的严重不公等。这些问题进而引发人们的社会心理失衡，扭曲着人们的社会行为，对正在成长中的青少年造成了很多不利的影响。

（四）家庭环境的影响

在社会转型期，我国的家庭结构也发生了巨大的变化。由于离婚导致的单亲家庭、再婚家庭数量也在大量增加。单亲家庭成长的孩子由于缺乏和谐的子女关系和父母的关爱，很容易出现心理问题，他们会有强烈的孤独感，缺乏安全感，个人认识偏激等。同时，由于社会利益的调整，家庭作为社会的基本单位，贫富差距也日益明显。在城市和农村同时出现了一批富裕家庭和贫困家庭。一些富裕家庭里的青少年容易表现出过分膨胀的物欲，形成挥霍财富的习惯。而一些贫困家庭里成长出来的青少年则容易对社会产生不公平感、不信任感，并且有可能做出一些反社会的行为。在一些家庭中，青少年的父母亲肩负着“上有老下有小”的任务，他们既要适应社会竞争又要忙于照顾家庭，所以他们往往会产生把希望寄托于下一代的思想。这就导致了家长不顾子女自身的兴趣和愿望，而对子女提出过高的要求和期望，甚至对孩子采用家庭暴力。这种不良的教育方式极易引发青少年的逆反心理，成为青少年违法犯罪的催化剂。

（五）学校教育缺失的影响

我国的学校教育过于注重对青少年学生进行知识的灌输，而忽视了道德品质以及适应社会主义法治国家建设所需要的主体性人格和公民意识。这些特点导致了青少年的自主意识不是很强。此外，学校的教育环境是单调的，无法满足青少年强烈的探求心理和广泛的兴趣要求，从而导致部分青少年产生严重的厌学情绪。

三、校园抢劫案预防机制的建立

形成校园抢劫犯罪的因素是多方面的，因此要从根本上预防青少年抢劫犯罪问题，必须从以下几个方面入手：

（一）强化家庭教育

青少年对家庭的依赖程度直接影响社会对青少年的控制能力。青少年行为失范与青少年同家庭关系的弱化，父母不妥当的教育方式，以及子女对其他家庭成员关系的疏远具有密切关系。在家庭教育中，父母要以身作则，用良好的言传身教影响未成年人，使其从小能够在一个良好的家庭氛围中成长。与学校教育不同，家长是靠其平时的一言一行对未成年人产生潜移默化的影响，这种影响渗透在日常生活的每个细节当中。所以，家长对子女既要严格要求，又要耐心诱导。作为家长，无论自身文化程度高或低，无论家庭经济状况是贫困还是富裕，都要掌握一定的教育子女的方法，最起码要教育子女基本的做人准则，教育他们不要侵犯别人的利益，不要做对国家、社会有害的事情。在发现子女有吸烟、喝酒、夜不归宿、与社会上不良人员交往等不良苗头的时候，要及时劝阻、制止。父母离异的残缺家庭，做家长的更要注重子女的心理发育，培养其乐观开朗的性格，鼓励他们在学校和社会大胆与人交流沟通，努力克服家庭的变故对其产生的不良影响。家长要明白作为未成年人的监护人，一旦子女走上了违法犯罪的道路，其自身也要承担一定的责任。

（二）加强学校日常教育管理

青少年在学校的有效活动时间比在家庭的时间还要多，所受的影响之大仅次于家庭，因此加强学校日常教育管理对于预防青少年犯罪意义重大。学校应注重以下三个方面的工作：

（1）为青少年开设普通心理学的课程，提供日常的心理咨询服务。

（2）将法制宣传教育纳入学校教学计划。

（3）适时进行挫折教育。

（三）净化社会环境

文化部门和司法行政机关应切实贯彻实施《中华人民共和国未成年人保护法》和《中华人民共和国预防未成年人犯罪法》，严格整治文化市场和校园周边环境，对大众传播媒介进行有效的监控、限制，把不利于青少年社会化和身心发展的东西剔除，以我国优秀的传统文化理念为基础，创造良好的社会主导文化氛围,为青少年提供安全洁净、积极向上的学习和生活环境。如应严格监督学校周围日益增多的网吧,加强对青少年网络健康知识普及的教育工作,保证网络传播内容要积极健康。

四、校园抢劫案应对机制的建立

(一)矫治学生的不良行为

我国法律规定对有不良行为的未成年人,其父母和监护人不得放弃对他们的教育责任,学校同样对有不良行为的学生负有矫治责任。对那些经常旷课、与同学们打架斗殴、有小偷小摸恶习、喜欢与社会闲杂人员交往的学生,应尽早督促他们纠正。在矫治方法上,要以正面教育为主,在深入了解其不良行为产生根源的基础上,对他们做深入细致的思想工作,在必要时要联合其家长共同做工作。

(二)强化九年制义务教育

国家应该强化九年制义务教育,因为目前仍然有一批没有接受完九年制义务教育就辍学的青少年,特别是在贫困落后地区这种情况较为严重。而且从权利与义务的角度也是坚决不允许没有接受完九年制义务教育就辍学的。因为文化程度的高低和是否辍学直接关系着青少年抢劫犯罪率的高低。

(三)对社会闲散青少年进行职业技能培训

一些失学的青少年没有立足社会的技能和本领,因而无法就业,他们整日无所事事,纠集在一起就有可能走上犯罪的道路。当前,社会上急需大批的技术工人,对青少年进行职业技能培训,使他们能够有一技之长,尽快就业,这种做法对于构建和谐社会具有重大意义。因此,政府应该加大对青少年进行职业培训的力度,根据具体情况减免培训费用,这样的成本总比青少年犯罪后的矫治成本低得多。从根本上预防、减少校园抢劫犯罪是一项涉及不同方面、不同角度、不同部门的系统工程,必须调动全社会的力量齐抓共管、综合治理。

经典案例

为吃喝发生的校园抢劫案

案例描述:在海口市某中学读初一的郑某与杜某,商量着去吃夜宵,但又没钱,两人便决定去学生宿舍找同学强行索要。郑某用衬衣蒙住脸,杜某则戴一顶旅游帽，窜入同年级某班宿舍，将门撞开后，向室内的学生索要钱物，并叫道谁不给就打死谁，并用扫把猛打床板恐吓学生，两人同时动手搜梁某等4人的口袋。抢得几元钱后，两人到校外去买了一瓶矿泉水，并买了几支烟抽后，复又回去窜到另一个宿舍，采取同样的方式向同学们"要"钱，当时一个同学口袋里只有几元钱，他央求两人给他留一元钱第二天吃早餐，两人丢给这名同学一元钱后扬长而去。当晚，两人共抢得现金31.5元，均被两人用来抽烟喝水和炸东西吃。自以为找到了"快速发财"的捷径，仅隔一天两人又再次闯入学生宿舍准备抢劫时，被在宿舍附近蹲守的校保卫人员和民警当场抓获。

法院审理此案后认为，郑某与杜某两人以非法占有为目的，采用暴力威胁手段劫取他人财物，其行为均构成抢劫罪，但因两人未满18岁，又系在校生，具备法定的减轻处罚情节，一审分别判处两人有期徒刑一年六个月，并处罚金500元。

案例分析：因为在校中小学生超前消费与经济实力不能满足的矛盾，以大欺小、倚强凌弱的抢劫案件在校内外并不鲜见，有的抢劫者甚至不知道自己的行为是在犯罪。这说明帮助他们树立正确的消费观念，防止为超前消费而去犯罪，应当成为对在校学生法制教育的重要内容。这起案件中的两名学生的行为值得我们所有的学生、学校和家长们警醒。

第六节　性侵害事故的预防与应对

继校园暴力之后，校园性侵害事故在近几年成为社会各界关注的焦点，有关儿童在校园内遭受性侵害的案件频频曝光。因此深入研究校园性侵害的特点，构建一套预防校园性侵害事故的有效机制，是解决这一问题的关键。

一、校园性侵害的认定

校园性侵害，通常指发生在校园之内，常常以教师为犯罪主体，以性刺激、性满足为目的，对不满18周岁儿童进行性侵害或引诱、强迫儿童从事性活动的行为。受害的儿童不只是指女童，也包括男童。也有的学者把儿童性侵害解释为侵犯者以满足其性欲为目的，通过暴力、诱骗、物质引诱等方式，诱导儿童（18岁以下）进行性接触（包括身体与非身体）的行为。性侵害的表现形式多种多样，如强奸、乱伦和猥亵行为；诱导儿童观看或触摸性器官；向儿童提供不当的性信息，也有研究者认为性侵害内容包括抚摸儿童性器官、允许儿童观看色情或淫秽电影录像等，总之，只要和儿童有性器官上的接触就构成儿童性侵害，主要包括强奸、猥亵和性骚扰。

二、校园性侵害的特点

（一）隐蔽性强，迷惑性大

校园性侵害属于熟人犯罪，正因为是熟人，而且犯罪者在实施犯罪前后都很注意维护自己的身份，所以具有很强的迷惑性。而且犯罪者在实施犯罪行为前都没有什么很明显的特征表现出来，更多的是情绪性、突发性的犯罪。而且犯罪者往往是在一个看似很合理、很平常的环境下实施犯罪行为的，校园性侵害的实施场所有很大比重公然发生在教室、办公室等公共场所，隐蔽性非常强，不容易事先被发觉。

（二）犯罪主客体具有特殊性，在身份上具有密切的关联性

犯罪行为一般是发生在校园这个特定的环境中，犯罪的主体主要包括教师、外来社会青年和本校学生，而以教师最为突出。犯罪的客体是学生，两者之间犯罪主体处于明显的优势，而犯罪客体无论是在体力、体形、智力、自我保护能力等方面都处于绝对的弱势。另外，犯罪主体和犯罪客体都有着比较密切的联系，比较熟悉对方。同时犯罪主体对犯罪客体有领导和控制的资格和能力。

（三）持续周期较长

由于犯罪者的胁迫哄骗以及被害人的无知、被害人监护人的忽略等原因，有很多校园性侵害从发生到被发现都持续了较长的时间，犯罪者对被害者实施了不止一次而是数次，甚至是长达几个月、一年或更长时间的性侵害，有的犯罪者是在长时间内对数个被害者进行性侵害，造成了对被害者身心的极大伤害。有不少被害者是到怀孕或身体被损伤时才被发现。

三、校园性侵害预防机制的建立

（一）建立完善的法律保障机制

法律不健全和惩治不力是校园性侵害频频发生的重要原因。关于师生行

为我国虽然已有《教师法》《未成年人保护法》等相关法律，但这些法律尚未对师生行为、师生交往进行明确的规范。传统的“师道尊严”观念将教师推到至高无上的境地，教师可以向学生任意发号施令，而学生则只能被动地服从，这种师生关系既不利于学生学业的成长，也不利于学生人格的形成，更容易滋生教育腐败，因此应尽快出台《校园法》，从法律的角度规范师生行为。

同时，我国刑法虽然对强奸罪和猥亵儿童罪都规定了较重的刑罚，但是在司法实践中，对相当一部分犯罪分子量刑都比较轻，打击的不力造成了一些犯罪分子不惜以身试法。因此司法部门应依法加大对教师性犯罪的打击力度。严肃查处涉案犯罪分子，真正体现刑罚的目的和作用。教育部门要密切配合建立性犯罪案件报告制度，对学校管理混乱，推卸责任，缓报瞒报的，要依法追究负责人的法律责任，起到打击、教育、规范的效果。

（二）建立有效的法制教育机制

法制教育缺乏针对性和实效性是发生校园性侵害的根本原因。许多学校的教师政治学习和学生思想品德教育走形式居多，忽视了对师生的法律、法规的教育。即使有法制教育，也只流于学习法律条文的形式，忽视了法制教育与现实生活的结合，尤其是对教师可能触犯的强奸、猥亵、故意伤害、侮辱等刑事犯罪的针对性教育还不够，在依法束缚性行为方面强调不够，甚至讳言，致使一部分教师不学法、不懂法、不守法，忘记了自己的行为应该受到法律道德的强制约束。学生不懂法、不懂得用法律武器保护自己，导致更多的学生多次被侵害。构建有效的法制教育机制：一是要健全组织，明确责任，完善制度；二是法制教育内容要注重针对性和实效性。做到法制教育计划、课时、教材、师资四落实，要贴近师生生活，以生动、直观、形象的活动形式，让师生从中潜移默化地受到法律熏陶，使学法、用法成为师生内在的迫切要求和自觉行动。三是将法制教育纳入教师和学生素质评价的内容。

（三）建立良好的教师入口机制

现有的教师队伍中的确有一小部分教师的素质特别是思想道德素质和心理素质不高。针对这一情况，应该从源头上抓起，适当提高教师资格准入的门槛，全面推行教师公开招考聘用制度，并把思想道德素质和心理健康作为中小学教师任职资格的重要条件之一。在招考聘用教师时，除了对文化、专业知识进行必要的考试外，还需进行严格的思想道德考察，进行心理素质与心理健康的综合评价。通过科学及较全面的考核，让具备较高素质的教师走上教育岗位。

（四）建立有效的教师评价机制

在校园性犯罪教师中有极少部分竟是“优秀教师”，究其原因是我们缺乏对教师的科学评价机制。长期以来，由于受应试教育的影响，我们评价教师的唯一标准就是教学质量，教学质量高的教师就是优秀教师。这样的评价机制不但扭曲了教育的基本职能，更扭曲了教师的职业心态。“学高为师，身正为范。”教师不仅要具备渊博的文化知识，更需要高尚的道德情操。因此，构建科学有效的符合教育本质和教师成长的评价机制是预防校园性侵害的关键所在。从评价内容上看，除注重教学质量外，还要注重评价教师的思想、心理和职业品质。从评价方式上，要让学生、家长及社会参与对教师的评价。

四、校园性侵害应对机制的建立

（一）建立对教师执业的监督制度

一方面建立教师之间互相监督和举报的机制，一方面鼓励学生对品行不良或有其他违法、犯罪行为的教师向学校反映、投诉。对举报、投诉教师违法行为的教师和学生进行特殊保护，禁止教师打击报复。

（二）加强校园管理，完善校园安全防控体系

学校要加强校园的治安巡逻管理，要有一套完善的校园性侵害的预警系统和应对系统，从人员到软硬件的配备，这部分的人力、物力和财力的投入是绝对必需的。预警系统包括对校园性侵害高危地点的预防、高危人员的预防以及相应的知识培训等，比如禁止教师在私人场所与学生进行单独的辅导和谈话，必要时可在办公室设立监控设备。应对系统包括校园性侵害发生后对受害者的保护、对犯罪嫌疑人的监控、及时与有关部门联系、保护现场及相关证据、协助公安机关调查等。

（三）加强对监护人的培训及教育

监护人在性侵害问题上的认识有所欠缺、警惕性不强对校园性侵害的预防和及时制止非常不利，所以教育部门、司法机关、妇联等有关机构应联手合作，针对校园性侵害的防治以及儿童性教育方面的知识开设培训学习班，提

高儿童监护人对校园性侵害的警惕性。同时也应该建立校园性侵害咨询热线或机构,接受儿童或儿童监护人的咨询,这会大大减少校园性侵害发生的可能性。

经典案例

小学教师猥亵学生案

案例描述:2002 年 11 月 25 日,某中心小学接到村小学教导主任的电话,称有学生家长举报这个学校四年级教师程某有强奸猥亵学生行为。中心校与区教育局随后向镇派出所报案,当天正在上课的程某被抓捕。

警方查明,程某从 2000 年起,把发泄兽欲的目标瞄准当时平均年龄 9 岁左右的 6 名女生身上。他经常在上课时对女生进行猥亵,有时他还在放学后以补课为名留下几名女生,对她们实施强奸猥亵。到案发前,村小学四年级的 6 名女生共有 3 人被强奸,3 人被猥亵。

2003 年 5 月 9 日,程某涉嫌强奸猥亵幼女案在沈阳市中级人民法院正式立案。根据刑法的有关规定,法院一审判决程某死刑。

辽宁省教育厅责成沈阳市有关部门对相关责任人作了严肃处理,免去了区教育局党委书记、局长、镇党委书记的职务,撤销了区教育局人事科科长、中心小学校长、分校主任的职务。

案例分析:程某的行为符合我国《刑法》规定的奸淫幼女罪的犯罪构成。《刑法》第 236 条第二款规定了奸淫幼女罪:“奸淫不满十四周岁的幼女的,以强奸论,从重处罚。”奸淫幼女罪,是指与不满 14 周岁的幼女发生性关系的行为。因为幼女在身心上还没有完全成熟,所以,只要行为人主观上具有奸淫幼女的故意,客观上实施了奸淫幼女的行为,就应当认定奸淫幼女的行为构成既遂。程某利用教师的身份在长达两年的时间里多次对数名幼女进行强奸猥亵,严重地侵犯了幼女的身心健康,属于应当加重量刑的情节,因此程某被依法判处死刑。

在本案中,多名学校、教育行政部门的管理人员因为在长时间内没有发现程某如此猖狂、公开、严重的犯罪,也是具有一定过失的,因此受到了相应的行政处罚。

第七节 学生自杀事故的预防与应对

本节将研究视角定位在校园青少年学生这一范畴，通过认真分析研究校园自杀问题的原因，试图从理论层面解决或阐释当前我国青少年心理危机和自杀问题所呈现出的独特社会性症结。从而为积极探寻并采取有效的干预策略、提高在校学生的心理健康水平、保障其生命安全、构建平安校园、促进社会稳定与和谐提供理论支持。

一、校园自杀的定义

自杀是指个体蓄意或自愿采取各种手段结束自己生命的行为。法国哲学家加缪就曾说："自杀是对个体生存意义的否定和对个体所在社会的否定。"

二、校园自杀现象频发原因探究

经过大量的分析与研究，有关专家认为，校园自杀现象主要存在以下几个方面的原因：

（一）社会环境的不良影响

各种传媒、影视作品里都有关于打杀的镜头，关于死亡的描写也非常多。甚至许多影视作品竟然把死亡当成解脱来宣传，影响了青少年对死的理解。尤其是在一些网络游戏中，有许多互相厮杀的游戏，而且游戏里经常出现一些打不死的"英雄"。这种"英雄"思想潜移默化地影响着孩子，使他们有了"死就是游戏"的想法。不良环境成了孩子自杀的教唆犯。

（二）家庭影响

家长的教育态度、教育方法失当，过分溺爱娇惯或斥责、苛求、打骂，或家长期望值过高，一旦高期望变成高失望，付出与收获的巨大反差常导致父母亲心理严重失衡，这些又必然在家庭生活的方方面面以或明或暗的方式表露出来，都会使孩子感到家庭的巨大压力而处于紧张、焦虑、不安之中。

有的青少年家庭环境较复杂，或某些家庭事件使得亲子关系不良，或亲人的突然死亡带来强烈刺激。由于其阅历浅，对问题的分析认识能力低，方法少，易陷入束手无策的境地，备感孤独、无助、苦涩、迷茫，便轻率地选择了不归路。

（三）青春期的懵懂，性萌芽期的开始

处在中学时代的青少年正是身体和心理发展成熟的阶段，性发育的日渐成熟，使他们开始对异性有了好奇心，同时中学时代也是青少年求学的关键时期，过重的学习压力让他们难以承受，一次不理想的考试成绩，就有可能让他们将心理上极大的压力找人诉说，而现实中，一个班级往往有几十人，老师根本不可能对每一个同学都关心到位，这时异性就成了他们首选的对象。此外，现在多为双职工家庭，作为主要监护人的家长，由于工作繁忙，根本无暇顾及中学生的生活，更不可能对青少年的障碍心理进行及时的调节，相反，他们却对中学生早恋的现象进行一味的封杀，使青少年的早恋转入地下，而且这种恋爱关系一旦破裂，他们不是进行有效地安慰，反而是对青少年加以嘲讽和耻笑，这必然对青少年的自尊心造成极大的伤害，一旦青少年不能忍受心理上的创伤就理所当然地会发生不该发生的事情。

（四）认知偏狭

有些人对人生价值取向偏狭，认为只有学业成绩好才是人生追求的目标，生活才有意义，所以对自己的学习成绩特别看重，把升学看成是实现人生价值的唯一标志。这样的人，遇到考试成绩不佳或升学落榜，就很容易想不开而走向绝路。

（五）学校学习生活的压力

美国布洛姆（Brown，D. T.）的研究认为：学校的压力源，一是学生与教师的关系；二是同学之间的关系；三是成绩与考试；四是来自于学校的批评与处罚。来自学校的任何一方压力源，当其不堪重负时，就极有可能以死来逃避或抗争。

三、校园自杀现象预防机制的建立

自杀无论是对于个人与家庭，还是对于社会来说，都是一种悲剧，同时给他人带来心理阴影。给家庭、学校、社会和国家带来的巨大损失和负面影响也是无法估算的。因此，通过认真分析研究校园自杀问题的现状及原因，积极探寻并采取有效的干预策略，对于提高在校学生的心理健康水平，保障其生命安全，维护家庭完整，构建平安校园，促进社会稳定与和谐，具有十分重要的现实意义。

(一)建立健全自杀预防协调体系

自杀是重要的社会问题,自杀预防更是一项复杂的系统工程。若无政府的支持和领导将难以实现。如美国就曾通过参议院来宣布自杀是一项国家问题。预防具有优先地位。借鉴国外做法,应建立健全全国性的自杀预防协调机构并制定国家预案,形成覆盖全国的监控网络体系。由各级卫生、教育部门牵头,组成各级自杀预防网络协调机构。动员全社会力量组织多领域专家合作,共同做好这项意义深远的人道主义事业。

(二)建立健全自杀危机预警干预体系及应急机构

建立健全自杀危机预警干预体系及应急机构,应着重在如下几个方面进行努力:

(1)健全工作网络体系。构建学校、学院、班级、寝室、学生几个层面的危机干预工作网络。

(2)建立预警信息体系。按照早发现、早报告、早研究、早预防、早控制的信息预警要求,及时准确地掌握学生危机信息。

(3)增强教师和学生的自杀危机干预意识。

(4)建设一支专业的专职心理健康教师队伍,设置专门的心理咨询机构。

(5)建立和落实心理筛查制度,及时掌握学生的心理健康状况。确定工作重点,跟踪治疗防范。

(三)启动社会和家庭心理支持体系

动员高危人群的亲朋、同学以及社会心理服务网络、媒体等社会力量,共同参与危机干预,给其关爱、安慰和帮助,使其产生对家庭、亲友和生活的留恋。增强生存信心,并尽可能地帮助危机对象解决实际困难,消除引发其自杀行为的危机根源。

(四)加强对高危人群的监控和预防

要预测存在危机的学生,并高度关注有自杀企图或自杀未遂学生的动态,建立心理资料,并定期调查其心理发展状况,及时与相关部门一起重点防范和挽救危机对象。

(五)加强对网络、传媒的监管

政府相关部门应要求监管网络和传媒在报道校内外人群非正常死亡现象

时，应该客观地反映事实真相，保持谨慎、客观的态度，避免因报道的片面化和情绪化而导致不良影响。美国俄亥俄州州立大学心理咨询与会诊中心主任Louise Douce教授曾说："绝大多数的自杀是可以预防的。有针对性地重塑学生对自杀的态度可以降低自杀率。"

四、校园自杀现象应对机制的建立

（一）营造良好的校园环境，健全心理危机干预网络

加强校园文化建设、优化育人环境，为学生营造一个积极健康的校园文化氛围，对建立学生良好的人际关系、减少引发自杀行为的诱因具有非常大的作用。要加强校园精神文明建设，积极改善学生的心理环境，培养学生奋发进取的敬业精神，大力弘扬中华民族传统文化和传统美德。要丰富学生课余的文化娱乐生活，组织学生积极参加社会实践活动，在实践中引导他们正确地看待社会、看待人生，为学生的健康成长创造良好的育人环境。同时，各学校应建立学生心理危机的干预网络。学生心理"气象员"应由学生担任，从本班选拔，经过心理学培训，结业考试合格后上岗工作，他们距离同学最近，具备专业知识，最容易发现问题，而且反应比较快。

（二）加强生命教育

长期以来，由于我国生命教育的缺失，导致校园自残、自杀以及各种伤害学生身体及生命的现象屡屡发生。珍惜生命，理解生命的意义，建立积极向上的人生观，已成为现代教育不可忽视的一环。它不仅使学生能够正确地认识生命，理解生命，进而尊重生命，热爱生命，而且能够使学生更好地呵护生命，成全生命，这对预防与消除学生自杀等问题的产生也是极其有效的途径与方式。

（三）提高心理受挫能力

教育学生正确认识和面对生活中的挫折是预防学生自杀的重要手段之一。当代学生有自己美好的理想和追求，但是，现实生活却常常会遇到一些暂时的困难和挫折。引导学生在挫折面前保持理智，培养积极进取的精神和百折不挠的毅力，使学生做到充分认识困难和挫折的暂时性，树立战胜困难和挫折的勇气和信念。

经典案例

中学生受批评后自杀案

案例描述:小强原系某中学复读班学生,李某系其班主任老师。2000 年 3 月 1 日,小强与同班同学小民因琐事发生争吵。第二天,小强因丢失磁带再次与小民发生打斗。班主任李某获悉该事后,分别对二人进行了批评教育。3 月 3 日,小强到校正常上课。4 日上午 8 时许,小强的母亲在家中发现孩子私藏的双节棍、录音机及录音磁带,便到学校找班主任李某反映情况。独自在家的小强服下了毒药,然后自行到其父的工作单位,告诉其父自己已经服毒。经抢救无效,小强于 2000 年 3 月 4 日死亡。儿子死后,其父母诉至法院,称班主任李某对其子进行威胁恐吓,并勒令其回家闭门思过三天,小强因经受不住恐吓,精神崩溃,服毒自尽,因此请求法院判令学校及班主任李某赔偿死亡补偿费等各项损失 145248 元。

人民法院审理后认为,该中学作为教学机构,李某作为人民教师,对在本校犯错误的在校学生,有进行批评教育的权力和义务。原告之子违反学校纪律,李某有权代表学校对其进行批评教育,原告不能提供充足证据证明李某在对小强进行批评教育中有体罚、威胁恐吓等不当言行,也不能证明小强之死与李某和学校的管理教育有因果关系。死者小强虽系限制民事行为能力人,但根据其自杀时的年龄、智力和受教育程度等情况,应当能够清楚地知道自杀行为所造成的后果,且其在自己家中服毒身亡,教师和学校无法进行监护,而身负监护之责的两原告未能尽到责任。因此班主任李某、学校对小强的死亡没有过错。

案例分析:在民法当中,一般采取的是"谁主张,谁举证"的举证原则,即当事人要对自己主张的事实提供证据加以证实,如果自己不能提供相应的证据,或者自己提供的证据被对方证明有瑕疵,举证人就要承担举证不能的后果。本案中,小强的父母既然主张班主任李某对小强的批评教育中存在体罚、威胁、恐吓等不当的言行,就要提供相应的证据加以证实,而其父母并没有充足的证据证明班主任确实有不当的言行,所以其主张的事实就不能够被法官采信,另外作为班主任,李某是有权力也有责任对出现不良行为的学生进行批评教育的。因此不能认定学校有过错。综上,小强的父母最终败诉也是必然的结果了。

第三章　公共卫生类事故的预防与应对

第一节　公共卫生类事故概述

一、公共卫生的内涵

公共卫生是关系到一个国家或一个地区人民大众健康的公共事业，是防治疾病、延长寿命、改善身体健康和机能的科学和实践。公共卫生通过有组织的社会努力来改善环境卫生、控制传染疾病、教育人们关于卫生的知识、组织医护力量进行疾病预防工作、对疾病做出早期诊断和治疗，并建立一套有效的社会体制，以保障每一个社会成员的身体健康。

公共卫生的内容包括对重大疾病尤其是传染病（如结核病、艾滋病、SARS等）的预防、监控和医治；对食品、药品、公共环境卫生的监管，以及相关的卫生宣传、健康教育、免疫接种等。

二、学校公共卫生事故

学校公共卫生事故是指发生在学校内的，造成或可能造成师生身体健康严重损害的传染病疫情、群体性不明原因疾病、群体性异常反应、食物中毒以及其他严重影响师生身体健康的公共卫生事件。学校公共卫生事故的发生与学校的本身特点有关。由于学校是一个特殊的场所，具有社会性与相对独立性的特点，学校与广大的社会有着密切的联系，学校内的人与物时刻都与外界社会发生着联系，社会中发生的变化随时会影响到学校，因此，一旦出现突发公共卫生事件，极易造成蔓延扩散。

三、学校公共卫生事故的特点

（一）突发性

突发性是指事故发生突然或发病迅速，在发生前经常是没有任何先兆或者先兆不明，往往是突然发生，令学校师生们猝不及防。在相同的接触环境中个体均出现相似的临床表现，不能用疾病的一般流行规律解释或病因不明确，致病因素种类繁多、形式多样，有生物性的也有化学性的，虽然事先难以预测和防范，但也有其规律性。

（二）群发性

学校突发公共卫生事件中健康受到损害的师生往往不是单一的，而是在短时间内，某个相对集中的区域内同时或者相继出现具有共同临床表现的病人，且病例不断增加，范围不断扩大。

（三）低龄性

在校学生绝大多数是未成年人。因此，与机关、企业和其他事业单位不同，处于学校突发公共卫生事件中的是低龄化的群体。

（四）危害性

教育系统的突发公共卫生事件危害广大师生的身心健康，在一定程度上扰乱了正常的教学秩序，造成恐慌，影响青少年身心健康发展。

四、学校公共卫生的主要任务①

（一）理顺学校卫生管理机制

教育行政部门负责学校卫生工作的行政管理，卫生行政部门负责学校卫生工作的监督指导。卫生行政部门必须加强与教育部门的合作，将学校卫生工作纳入公共卫生体系，加强对学校卫生的监测监督，做到有法必依，执法必严。各级疾病防治机构要明确专人负责学校卫生工作，为学校提供疾病防治、食品卫生、健康教育等技术支持，协助学校落实各项卫生措施。

（二）规范学生健康监测分析

规范学生健康调查和常年健康监测分析，使学生的健康状况和健康问题能够得到准确、及时的反映。健全学生健康检查制度，有条件的学校每年组织一次健康检查，经济欠发达地区的学校，至少做到入学与毕业时的两次学生健康检查。建立学生体质健康档案，进行生长发育、常见病等监测分析，研究学生体质健康方面存在的问题，及时采取防治措施，如提供咨询、确诊和治疗服务，改

① 刘祥瑞：开拓进取努力实现学校卫生工作跨越式发展，中国学校卫生，2005，26(1)：80－82.

善环境不良因素，促进学生健康成长。

（三）处理突发公共卫生事件

按照我国《突发公共卫生事件应急条例》的规定，落实学校突发公共卫生事件报告制度，指定专人作为学校卫生安全工作的联络员，完善食物中毒和传染病流行等突发事件的应急处理机制，及时切断传染病在学校的传播途径，有效处理突发公共卫生事件。在学校传染病防治方面，要进行学生疫苗接种证的查验和实施疫苗补种，加强学校生活饮用水水源管理，做好粪便无害化处理等厕所卫生管理，改善学生宿舍卫生与通风条件。在食物中毒防治方面，要加强对学校食品卫生的监督，培训分管校长、卫生保健教师以及食堂从业人员，加大学校食堂改造力度，不断改善硬件设施，加强食堂卫生管理。

（四）调整学生常见病防治策略

调整学生常见病防治策略就是要扩大常见病的监测范围，增加有关成年期疾病早期防治（肥胖、高血压、高血脂）和伤害（车祸、溺水等）等监测项目，并加强对中小学生心理问题和健康危险行为的预防监测。在贫困的乡村地区，传统的“六病”监测，特别是对沙眼、贫血和蛔虫感染的防治仍然需要加强；在城市发达地区，针对当前青少年健康危险行为持续增加的现状，重点则要放在近视、肥胖、伤害的一级预防上。

（五）加强预防性卫生监督力度

卫生行政部门必须加大执法力度，从根本上做好学校卫生设施的预防性卫生监督。要开展学校卫生设施现状调查，对于学校的卫生室、教室、课桌椅、照明灯、食堂、厕所、饮水设施等，实施公共卫生标准化建设，不断优化卫生环境和教学卫生条件，保证学校新建、改建、扩建项目和建筑设施的卫生质量。

（六）探索学校健康教育新模式

学校健康教育是促进学生健康的重要手段，学校卫生必须探索有效开展学校健康教育的新模式。

学校健康教育要根据学生年龄和性别特点，从社会、家庭和学校关注的公共卫生热点问题出发，开展多种主题的健康教育活动。如可以设立“爱牙护牙、用眼卫生、平衡膳食、食品卫生、控制吸烟、环境保护、远离毒品、预防艾滋病、伤害”等专题。

学校健康教育要采取学生喜闻乐见的多种形式，开展能激发学生兴趣和参与热情的健康教育活动。如采用主题班会、读书活动、知识竞赛、板报、广播、录像片、专题讲座、绘画、图片展、辩论赛等形式。

学校健康教育要重视心理健康教育，培养学生良好的心理素质；逐步建立健全心理咨询机构，采取有效措施积极预防青少年健康危险行为和心理问题的发生，重点做好心理健康教育工作。

（七）促进学校卫生信息化建设

为了及时、准确、全面地了解学生身体素质和学校卫生工作状况，必须促进学校卫生信息化建设。在学校卫生信息化方面，要加强学校卫生计算机网络基础设施建设和提高工作人员计算机应用能力。在“学校卫生疾病综合监测信息系统”的基本模块中，应当包括学校基本情况，教室、食堂、饮水和厕所等环境卫生状况，学生生长发育监测（体检）、学生常见病和传染病监测、学生伤害监测、青少年行为危险因素监测等内容。

（八）提高学校卫生人力资源质量

学校的校医室是学校卫生工作的基层单位，校医负责组织学生健康检查，监控学生常见病，开展健康教育，培养学生良好习惯，监督学校环境卫生，防治学生传染病，检查学校食品卫生，防范食物中毒发生。因此，要全面提高校医的医学专业知识水平，使师生健康得到保障。

第二节　常见肠道疾病的预防与应对

一、什么是肠道传染疾病

人们日常的饮用水及食物，如果被病原体所污染，经过口腔进入肠道，这些病原体在肠道内繁殖且散发毒素，破坏肠黏膜组织，引起肠道功能紊乱和损害，严重影响身体健康。人体一旦被传染，患者由粪便中排出病原体，病原体将再次污染他人，这就是肠道传染病。导致肠道传染病的罪魁祸首统称为“肠道致病原”，其种类很多，主要为细菌、病毒和寄生虫。这些病原体主要存在于病人的粪便和呕吐物中，还有那些被病人粪便和呕吐物污染的食物、水、餐具和其他物品上面。苍蝇、蟑螂等昆虫是传播肠道传染病的帮凶，当它们叮食了病人的粪便和呕吐物后，又会在食物、水和餐具上爬行，从而一路播撒这些病原体。常见的肠道传染病包括细菌性痢疾、伤寒、副伤寒、霍乱、副霍乱以及食物中毒等。

二、肠道传染疾病的传播途径

（一）经水传播

病人或病原携带者的粪便、呕吐物排入水源，洗涤被病原体污染的衣裤、器具、手等都可使水受到污染，水源受到污染后可引起肠道传染病的爆发流行。

（二）经食物传播

在食品的生产、加工、运输、贮存和销售的过程中都存在被病原体污染的危险。食品中的病原体可来自存放容器、进餐用具、手的接触、施用粪肥及被昆虫污染等。

（三）接触传播

通过握手，使用或接触衣物、文具、门把手、钱币等都有可能造成病原体的传播和扩散。

（四）昆虫传播

苍蝇、蟑螂等都能起机械搬运病原体的作用，到处活动的苍蝇、蟑螂等昆虫也是造成肠道传染病扩散的重要原因。

三、肠道传染疾病的预防

学校食堂卫生安全工作的基本要求如下：

（一）学校的食堂必须取得卫生行政部门发放的卫生许可证

搞好食堂的环境卫生，保持内外环境整洁，采取有效措施，消除老鼠、蟑螂、苍蝇和其他有害昆虫及其滋生条件。食堂的操作间不能太小，墙壁上应有瓷砖或其他防水、防潮、可清洗的材料制成的墙裙；地面应由防水、防滑、无毒、易清洗的材料建造，易于清洗与排水；配备有效的防蝇、防尘、防鼠及存放废弃物的设施和设备。要使餐饮具保持干净，餐饮具使用前必须洗净、消毒；消毒后的餐饮具必须贮存在专用保洁柜内备用；已消毒和未消毒的餐饮具应分开存放，并在餐饮具贮存柜上标有明显标记。

(二)严格把好食品采购关

食堂采购员必须到持有卫生许可证的经营单位采购食品,并按照国家有关规定进行索证;不得采购腐败变质、油脂酸败、霉变、生虫、污秽不洁、混有异物或者其他感官性状异常,含有毒有害物质或者被有毒、有害物质污染,可能对人体健康有害的食品;未经兽医卫生检验或者检验不合格的肉类及其制品;超过保质期限或不符合食品标签规定的定型包装食品。

(三)注意食品的贮藏卫生,防止蟑螂、鼠类及其他不洁物污染食品

食品贮存应当分类、隔墙、离地存放,定期检查,及时处理变质或超过保质期限的食品。食品贮存场所禁止存放有毒、有害物品。用于保存食品的冷藏设备,必须贴有标志,生食品、半成品和熟食品应分柜存放。用于原料、半成品、成品的刀、墩、板、桶以及各种容器工具等,必须标志明显,分开使用。加工食品的工具、容器等要做到生熟分开。加工后的熟制品应当与食品原料或半成品分开存放,半成品应当与食品原料分开存放。

(四)加工食品必须做到烧熟、熟透,需要熟制加工的大块食品,尤其要烧熟、熟透

必须采用新鲜、洁净的原料来制作食品。职业学校、普通中小学校的食堂不得自售冷荤凉菜。食堂的剩余食品必须进行冷藏,冷藏的时间不能超过24小时。冷藏的食物在确认没有变质的情况下,必须经过高温彻底加热,然后才能继续出售。

(五)食堂的从业人员每年必须进行一次健康检查

新参加工作和临时参加工作的食品生产经营人员都必须进行健康检查,取得健康证明后方可参加工作。食堂从业人员每年必须进行健康检查。凡患有痢疾、伤寒、病毒性肝炎等消化道疾病,活动性肺结核,化脓性或者渗出性皮肤病的,不得从事接触直接入口食品的工作。食堂从业人员有皮肤溃破、外伤、感染、腹泻症状的,不得带病加工食品。食堂从业人员要有良好的个人卫生习惯,工作前、处理食品原料后、便后用肥皂及流动清水洗手。开展健康教育,提高群众的防病意识。

（六）充分利用宣传橱窗、黑板报、墙报、院报等宣传阵地，开展防病知识宣传

要让群众知晓肠道传染病的传染源和主要传播途径，提高群众的防病意识，培养群众良好的卫生习惯，教育群众一旦出现腹泻症状，应及早报告、及早治疗。

四、肠道传染疾病的应对

学校一旦发生群体性肠道传染病疫情，应立即采取以下应急措施：

（一）疫情报告

1. 学校师生员工发现肠道传染病人或疑似肠道传染病人时都应立即向学校医务室或当地防保站报告。

2. 校医或当地医务人员对可疑病人进行首次诊治，并上报学校有关领导。学校领导根据肠道传染病类别、发病人数、病情等疫情程度，2 小时内向所属地卫生防疫机构、当地政府和市教育局逐级上报。任何人不得瞒报、谎报、缓报疫情。一经发现将视情节和后果追究责任，直至依法追究刑事责任。

（二）应急措施

1. 对疑似肠道传染病的病人，在明确诊断前，安排在指定场所（医务室）进行医学观察，不能确诊的，应送当地医疗机构诊治。

2. 经医疗保健机构、卫生防疫部门确诊为肠道传染病者，应及时予以隔离治疗，隔离期限根据医学检查结果确定。

3. 对引起肠道传染病传播的可疑物品要进行封存，控制传染源，切断传染途径，防止疾病扩散，等待防疫部门检测和处理。

4. 对被肠道传染病病人、病原携带者、疑似肠道传染病病人污染的场所、物品，学校医务人员指导相关工作人员做好消毒处理。与肠道传染病人或疑似病人密切接触者，学校应采取必要的检查和预防措施，并进行医学观察。

5. 肠道传染病人在医院接受治疗时，未经学校和医务人员同意，任何同学、同事不得前往探望。

6. 暂时停止大规模的集体活动，必要时全校暂停上课；加强对校门的出入管理，控制人员的进出。

7. 学校在接到当地政府、市教育局和疾控中心有关重大肠道传染病疫情的

预警报告后，应立即启动《突发公共卫生事件应急预案》。应急预案启动后，各级领导和全体教职员工应按预案规定的职责要求，立即到达规定岗位，听从指挥。

8. 学校领导发现肠道传染病人后，应采取积极的措施，让广大师生了解情况，稳定学生的情绪，安定人心，维护学校的稳定，树立战胜肠道传染病的信念。

经典案例

学生食物中毒案

案例描述：陈某和叶某是某中学食堂的承包人。1999 年 5 月 24 日，该中学食堂在准备中餐时，未经检查就将 23 日中午剩下的米饭加热出售给师生。教师应某和章某等人在使用时发现饭有异味，及时向被告人陈某、食堂服务员林某等人作了反映，林某又及时告知了被告人叶某。两被告在得知此事后只自我议论了几句，而未采取措施处理已变质的剩饭。为了多赚钱，次日，又将昨天已经变质的剩饭加工成蛋炒饭作早餐，出售给在校的学生食用，致使 48 名学生不同程度的出现腹痛、恶心呕吐，幸亏及时送往当地医院抢救，中毒学生才陆续康复出院。经当地卫生防疫部门检查，中毒学生系蜡样芽孢杆菌致病的细菌性食物中毒。5 月 26 日，陈某与叶某因生产、销售不符合卫生标准的食品被当地公安部门刑事拘留，6 月 28 日当地检察院向当地法院提起公诉。1999 年 7 月 27 日，当地人民法院依法作出判决：陈某和叶某的行为已经构成生产、销售不符合卫生标准的食品罪，分别被判处有期徒刑一年，并处罚金 300 元。

案例分析：生产、销售不符合卫生标准的食品罪是指违反国家食品卫生管理法规，生产、销售不符合卫生标准的食品，足以造成严重食物中毒事故或者其他严重食源性疾患，危害人体健康的行为。在《食品卫生法》第 9 条专门规定了不符合卫生标准食品的 12 种情况。

按照刑法的规定，生产、销售不符合卫生标准的食品足以造成严重食物中毒事故的，即使事故没有实际发生，只要当事人已经造成了这种危险，就要承担责任。根据刑法第 143 条的规定，犯本罪的处三年以下有期徒刑或者拘役，并处或者单处销售金额 50% 以上 2 倍以下罚金。刑法第 150 条还规定，单位犯本罪的，实行双罚制，即对单位判处罚金，并对其直接负责的主管人员和其他直接责任人员，按照上述规定处罚。

第三节　常见呼吸道疾病的预防与应对

一、什么是呼吸道传染疾病

病原体从呼吸道感染侵入、传播而引起的疾病叫做呼吸道传染病。呼吸道是人体从鼻子吸入氧气和从肺呼出二氧化碳的通道。呼吸道与外部相通,受各种病原体侵袭的机会较多,呼吸道进入的病原体,原始寄生部位通常是呼吸道黏膜及肺。

二、常见的呼吸道传染疾病

常见的呼吸道传染病有病毒性呼吸道传染病,如流感、麻疹、水痘、风疹、流行性脑脊髓膜炎、肺炎等。

(一)流行性感冒

流行性感冒是由流感病毒引起的急性呼吸道传染病,具有很强的传染性,其发病率占传染病之首位。流感病毒主要侵入呼吸道,但其毒素对全身器官有广泛的毒性作用,临床上有发热、全身酸痛、咽痛、咳嗽与白细胞减少等症状。流感的传染源主要是病人和隐性感染者,传染期为一周。流感以空气飞沫直接传播为主,也可通过被病毒污染的物品间接传播。人群对流感普遍易感,病后有一定的免疫力,但维持的时间不长,病毒不断发生变异,可引起反复感染发病。流感全年均可发病,以冬春多见。隔离病人是减少传播的有效途径,隔离期为一周。流行期间尽量避免公共集会,室内注意通风。流感可通过疫苗预防,常用的疫苗有减毒疫苗和灭活疫苗,每年应加强免疫一次。

(二)麻疹

麻疹是由麻疹病毒引起的急性呼吸道传染病,冬春季节多发,传染力极强。临床以发热、皮疹及两眼发红、流泪、畏光、喷嚏、流涕、咳嗽为主要症状,并以颊黏膜出现麻疹斑为特征。病程中可出现肺炎、喉炎、脑炎等并发症。患病后一般可获得持久免疫力。病人是传染源,病人自发病前 2 日至出疹后 5 日内,眼结膜分泌物,鼻、口、咽、气管的分泌物中都含有病毒,具有传染性。以空气飞沫直接传播为主,也可通过被病毒污染的物品间接传播,尽量减少和患者及其患者家属接触是预防麻疹的关键。人群普遍易感。多见于婴幼儿，但近年来由于麻疹疫苗的广泛接种，发病年龄有后移趋势。做好保健工作，按时接种麻疹疫苗，保持室内空气流通，流行季节少到公共场所，锻炼身体，增强抗病能力。

（三）水痘

水痘主要是由水痘病毒引起的一种传染性很强的出疹性急性传染病。水痘起病较急，可有发热、倦怠、食欲减退等全身症状，一般1~2天内发疹。皮疹一般是成批出现，免疫缺陷的人患此症时症状较严重，常有继发细菌感染及合并各种并发症：如肺炎、水痘脑炎、水痘肝炎等。患者为主要传染源，从发病前1天到全部皮疹干燥结痂均有传染性。水痘主要通过飞沫经呼吸道传染，接触被病毒污染的尘土、衣服、用具等也可能被传染。人群普遍易感。常见于2~10岁的儿童，一次发病可终身获得较高的免疫力。预防是加强病人的隔离，隔离期一般为发病至疱疹全部结痂或出疹后7天。

（四）风疹

风疹是由风疹病毒引起的急性呼吸道传染病。以低热、上呼吸道轻度炎症、全身散布红色斑丘疹及耳后、枕部淋巴结肿大为特征，多见于冬春季节，可造成流行。病人是传染源。大多是通过呼吸道飞沫散播传染，也可通过患者口、鼻及眼睛的分泌物直接传染给被接触者。年龄越小，发病比例越高，成人偶见感染。预防风疹病毒的关键是减少与风疹病人面对面地接触，不要与风疹病人面对面地谈话。预防风疹最可靠的手段是接种风疹疫苗。

（五）流行性脑脊髓膜炎

流行性脑脊髓膜炎是由脑膜炎双球菌引起的急性呼吸道传染病。感染起自鼻咽，侵入血液循环，最终达到脑膜或身体其他部分，产生炎性损害。这种主要侵犯脑膜的传染病多发于冬春季节，发病急，传播快，病死率高。

病人经过2~3天的潜伏期后，最初表现为上呼吸道感染，多数病人无明显症状，一部分病人有咽痛、鼻咽黏膜充血及分泌物增多，这可以表现为鼻炎、咽炎或扁桃体炎，随后病人突然寒战，高热体温可达40℃，头痛、呕吐，反复发作，呕吐呈喷射状，早期皮肤上可见出血点或瘀斑，起病之后有时唇周出现疱疹，亦可见于口腔内、额、耳、胸、四肢、生殖器及臀部等处，严重时出现脑膜刺激症，

1～2日内发展为脑膜炎，高热持续不退，头痛剧烈，频繁地呕吐，伴有惊厥，甚至出现昏迷。带菌者和流脑病人是本病的传染源。大多是通过呼吸道飞沫传播而感染。人群普遍易感。儿童发病率高。免疫接种是预防流脑的主要措施，接种对象为1～15周岁儿童。

（六）肺炎

肺炎是指肺泡腔和间质组织在内的急性肺实质感染性病变，多为病毒、支原体、细菌、真菌等感染引起。病人是传染源。大多是通过呼吸道飞沫传染，也可通过直接接触感染。要搞好个人卫生和环境卫生，居室保持清洁，空气新鲜。冬春季节，体弱者应避免去公共场所，以防感染。对体弱免疫力低的人，可注射肺炎免疫疫苗。

三、呼吸道传染疾病的预防

（一）学校领导要高度重视学校传染病预防控制工作

学校人群密集，学生易感，容易发生传染病爆发流行；在校学生牵涉千家万户，是一个敏感的特殊群体。各学校要从维护社会稳定的大局出发，认真落实防病防疫的各项措施。

（二）学校应做好健康宣传教育工作

利用上课、班会、广播、黑板报、宣传橱窗等多种方式，广泛宣传呼吸道传染病防治知识。通过各种形式的健康教育，把呼吸道传染病防治知识传授给学生，增强广大学生的自我保护意识和防病能力。

（三）学校要做好呼吸道传染病的监测工作

开展晨检，每天早晨由班主任对全班学生进行人数清点，及时掌握学生缺课原因，并注意有无身体不适的学生坚持上课的情况，一旦发现异常情况，要及时向教育主管部门和当地疾病监控中心报告疫情，采取正确防治措施控制疫情，防止扩散和蔓延。

（四）学校要做好预防消毒工作

保持教室的空气流通，有病例的教室、住宿学校学生宿舍需采用醋氯酸熏蒸消毒或紫外线消毒。

（五）做好呼吸道传染病的疫苗预防接种宣传工作

接种疫苗是预防呼吸道疾病比较有效的方法之一。及早接种某些呼吸道传染病的疫苗，可以减少发病率。如需接种疫苗的学生可与属地疾病控制中心联系，但必须坚持自愿原则。

（六）疾病控制中心、中小学保健所，负责对学校的医务人员进行传染病相关法律、法规和预防知识的培训

提高校医传染病报告的法律意识，真正做到早发现、早诊断、早报告、早隔离、早治疗，以便及时控制疫情。

四、呼吸道传染疾病的应对

（1）出现呼吸道传染病病例的学校，对患者应及时隔离治疗，并对密切接触者进行医学观察，观察期间发现不适要求其立即就医。

（2）严格执行疫情报告制度。一旦出现群体发病情况，学校传染病报告人要第一时间向教育行政主管部门和辖区疾控机构报告。

（3）学校发生疫情后，应在疾病控制中心的指导下对教室进行严格消毒，同时通风换气。

（4）要求学校医务人员早发现、早诊断、早报告、早隔离、早治疗病人，发现学生身体不适，及时到医院就诊，避免乱投医、乱服药，延误病情。

（5）一旦出现了呼吸道传染病的学校要避免集体活动，防止（潜伏期病人）互相传染。

（6）发生疫情的学校要追踪发热病人的相关情况，按照疾控机构的意见采取隔离、消毒等措施控制疫情，必要时学校可决定班级停课。

（7）及时接种疫苗，建议对学生进行相应的疫苗接种，这是预防传染病最直接、最有效的方法。接种疫苗的同时要严格掌握禁忌症。

（8）疾病控制中心负责对学校开展传染病疫情等突发公共卫生事件防控、疫情监测与报告工作提供技术支持，并定期到学校进行经常性的技术指导。

（9）当学校发生呼吸道传染病疫情时，应积极配合疾病控制中心开展流行病的调查工作，对提出的防控措施与建议，学校要积极落实。

经典案例

水痘传染案

案例描述：“孩子得了水痘真是太难受了！”某医院里几位家长凑在一起纷纷抱怨着。

家长们表示，他们的孩子在一所寄宿制学校的四年级某班就读，2008年11月3日那天，孩子们发现，在同一宿舍楼的一位同学脸上长了两个大疙瘩。好多同学很好奇，用手摸了摸。星期三，那位同学因为发高烧被接回了家。过完周末，这位同学又回到了学校住宿。之后不久，该宿舍楼里陆续有同学开始发烧、不舒服，被家长接回了家，然后身上开始大面积出现痘痘。家长们带着孩子到医院一检查，才得知孩子得的是水痘。

家长们说，连日来，孩子最高烧到41度，头上、口腔里都长了好多水痘，痒还不能抓，只能硬忍着。家长怕孩子睡着时无意识中抓挠，晚上还得轮流看护。

据调查，这些孩子所在的宿舍楼层有100多人，已有17人得了水痘。虽然学校对宿舍已采用灯照方式消毒，并安排学生一日喝三次板蓝根，但真正有效预防水痘还须注射疫苗，因害怕被指为乱收费，建议家长自费为孩子进行注射。

专家表示，冬春季节是水痘的高发季节，这种病是通过呼吸道和接触传染的，最长潜伏期是21天。一旦发现孩子得了水痘，就不要再往学校送了。待一周左右水痘结痂后，再返校。学校发现学生的水痘后，应让其尽快离校，开窗通风，学生们要勤洗手，不要让同学触摸患者用过的衣服和被褥等物品。因产生抗体需要一个月时间，最好的办法是在流行季节到来前一到两个月就注射疫苗。

案例分析：学校的宿舍是人员密集地区，极易爆发传染病。尤其春季是传染病高发季节。一旦学校的宿舍出现传染病首例病例，必要时，学校相关负责人就应做好隔离措施，并对发病寝室及楼层，进行消毒处理。

学校应建立传染病预防与应对措施。宿舍管理人员要加强监督学生宿舍的通风换气工作。由于学生集体生活场所人员密度大，影响室内空气质量，容易导致呼吸道传染病的传播蔓延，因此每天都要加强宿舍的通风与换气，保持室内空气新鲜。

应做好全体住校同学了解传染病的基本知识和预防要点的教育工作，提醒学生注意个人卫生，避免传染病的蔓延。

第四节 常见青春期疾病的预防与应对

一、常见青春期疾病的类型

青春期是指以生殖器官发育成熟、第二性征发育为标志的初次有繁殖能力的时期,人类及高等灵长类以雌性第一次月经出现为标志。青春期是由儿童逐渐发育成为成年人的过渡时期,是人体迅速生长发育的关键时期,也是继婴儿期后,人生第二个生长发育的高峰。在这个特殊时期,常见的疾病类型有以下几种:

(一)女生青春期常见疾病

1. 月经不调

许多青春期少女的月经周期和血量均不规律,在初潮后的前几年中,月经周期间隔可达两个月或三个月,这是正常的,无须多虑。然而,如果间隔更久,出现继发性闭经时,就应该求医和寻求帮助。

2. 痛经

15 岁以下的少女很少发生痛经,因为原发性痛经很少发生于无排卵周期,许多少女在初潮后,具有 6 ~ 18 个无排卵周期。继发性痛经和其他异常可能是器质性损伤的信号。

3. 经期前综合症

大多数女性,包括青春期少女,会经历经期前的不适,但她们的绝大多数仅是较轻的症状,所以不会寻求咨询和治疗。因经期前综合症而寻求医生帮助的少女,大多数主诉水肿或痤疮生长过快。可以让少女记月经日记,至少一个周期,这样可以找出症状与经期的准确关系,找出应对方法。

4. 下腹疼痛

青春期少女由于生殖器引起的下腹痛是不常见的,在这一年龄段中,发生的下腹部疼痛的最常见原因是月经间痛和非典型性痛经。然而,偶尔也能遇到器质性损伤,如卵巢肿瘤或卵巢肿瘤出现突然病变(扭转、出血和破裂)等也可引起下腹痛。

5. 白带异常

女孩会阴部皮肤薄嫩,没有脂肪垫和阴毛,得不到保护,易致损伤和感染。会出现白带增多、颜色改变、黏性改变等症状。

(二)男生青春期常见疾病

男生在青春期常出现的生理疾病为遗精异常,其中包括了频繁遗精和从不遗精。

青春期男生如果遗精频繁,首先要找出引起遗精的原因。比较常见的原因是患生殖器官疾病,如龟头炎、前列腺炎、包皮过长、包茎、尿道炎等,均可引起遗精次数增加。另外,男生内裤太紧,被子盖得太厚太热,手淫,喜欢看性刺激的书画影视,身体过度兴奋和过度疲劳等都会引起遗精次数增加。另外,男生生殖器官明显异常,如睾丸很小、阴茎发育很差或伴有第二性征发育不好的男生,从来没有遗精,也是一种异常现象,专家建议此类男生及时到医院请专科医师诊治。

(三)痤疮

痤疮俗称粉刺,是青春期相当普遍的一种皮肤病,好发于脸、头、胸、背等处,除内分泌增多因素外,遗传因素、精神紧张、多吃脂肪和糖类、消化不良、使用脂肪类化妆品、接触矿物油等,均可诱发痤疮或使痤疮加重。

(四)近视眼

近视眼也称短视眼,因为这种眼只能看近不能看远。近视眼是青少年中最普遍的一种疾病。近视形成的原因有以下几个方面:

1. 用眼距离过近

青少年近视眼以长期用眼距离过近引起者为多见。青少年眼睛的调节力很强,当书本与眼睛的距离达 7 ~ 10 厘米时仍能看清物体,但如果经常以此距离看书、写字,就会使眼睛的调节异常紧张,从而可形成屈折性(调节性)近视,所谓的假性近视。如果长期调节过度,使睫状肌不能灵活伸缩,由于调节过度而引起辐辏作用加强,使眼外肌对眼球施加压力,眼内压增高,眼内组织充血,加上青少年眼球组织娇嫩,眼球壁受压渐渐延伸,眼球前后轴变长,超过了正常值就形成了轴性近视眼,即所谓真性近视。正常阅读距离应是 30 ~ 35 厘米。

2. 用眼时间过长

有的青少年看书做作业,看电视等连续 3 ~ 4 小时不休息,甚至到深夜才睡觉休息,这样不仅影响身体健康,而且使眼睛负担过重,眼内外肌肉长时间处于紧张状态而得不到休息,久而久之,当看远处时,眼睛的肌肉不能放松而呈痉挛状态,这样看远处就感到模糊而形成近视。

3. 照明光线过强或过弱

光线太强，如阳光照射书面等，会引起强烈反射，刺激眼睛，使眼睛不适，难以看清字体；相反，光线过弱，书面照明不足，眼睛不能清晰地看清字体，头部就会向前，凑近书本。以上两种情况均能引起眼睛疲劳，眼睛的调节过度或痉挛而形成近视。

4. 在行车上或走路时看书

有的青少年充分利用时间，边走路边看书或在行走的车厢里看书，这样对眼睛很不利。因为车厢在震动，身体在摇动，眼睛和书本距离无法固定，加上照明条件不好，加重了眼睛的负担，经常如此就可能引起近视。

5. 躺着看书

许多青少年喜欢躺在床上看书，这是一种坏习惯。因为人的眼睛应保持水平状态看书，使调节与集合（辐辏）取得一致，减少眼睛的疲劳。如果躺着看书，两眼不在水平状态，眼与书本距离远近不一致，两眼视线上下左右均不一致，书本上的亮度不均匀，都会使眼的调节紧张而且容易把书本移近眼睛，这样可加重眼睛负担 2 ~ 3 倍，日久就形成近视。

6. 睡眠不足

当睡眠不足时，第二天精神不振，头昏脑胀，大脑没有充分休息，疲劳未能消除，加重眼睛负担，促使近视发生。睡眠不足是近视眼形成原因中很重要的一条。

7. 课桌不符合要求，写字姿势不正确

若桌椅太低，使头前倾，脊柱弯曲，胸部受压，眼睛调节相对紧张。或桌椅过高，双脚悬空，下肢容易摆动，不能保持正确姿势，都能使眼睛发生疲劳，久而久之就容易发生近视。

（五）龋齿

龋齿是牙齿硬组织逐渐遭到破坏的一种疾病，也就是人们常说的“虫牙”“蛀牙”。龋齿使青少年疼痛难忍，而且影响食欲、咀嚼消化、吸收和生长发育，有时会导致牙髓炎、齿槽脓肿，甚至引起全身疾病，影响健康与体质。

二、常见青春期疾病的预防

（一）痤疮的预防

痤疮是青春期的暂时现象，随着青春发育的完成，常常自然减轻和消退，到

35 岁左右，便会自愈，因此，不必为此发愁。痤疮一般不需要治疗，但为了减少和减轻痤疮的发生，年轻人要注意保护皮肤。

(1) 注意保持皮肤清洁，常用温水洗脸，不能用手挤压粉刺，以免造成感染而形成脓肿和疤痕。不宜使用多油脂和刺激性强的化妆品，以免进一步堵塞毛孔，加重症状。

(2) 保证睡眠充足，减负，调整心态，保持乐观开朗的心情，不要乱用皮质激素类药物。

(3) 注意调整饮食结构，少食动物性脂肪、甜食、辛辣刺激及油腻食物，不吸烟、不喝酒，多食新鲜蔬菜、水果，保持大便通畅。

(4) 合理使用化妆品，少用修复、养护型的化妆品，而且晚睡前要正确卸妆，毛孔累了一天也该休息了，以防毛孔堵塞。

(二) 近视眼的预防

(1) 近距离用眼的时间不宜过长，每隔 45 ~ 60 分钟要休息 10 ~ 15 分钟。休息时应隔窗远眺或进行户外活动，使眼球调节肌得以充分放松。

(2) 近距离用眼时的光线要适中。近距离用眼时光线过强或太弱均是造成近视眼的重要因素。因此，在夜晚或光线暗的环境下，照明最好采用 40 ~ 60W 的白炽灯，放在书桌的左上角。这是因为白炽灯的光线比较柔和，显色性能良好，眼球容易适应，防止了光线过强或过暗所带来的用眼疲劳。

(3) 近距离的用眼姿势要正确。近距离用眼姿势是影响近视眼发生的另一个因素。近距离用眼时，桌椅高低比例要合适，端坐，书本放在距眼 30 厘米的地方。坐车阅读、躺在床上阅读或伏案歪头阅读等不良的用眼习惯都将增加眼的调节负担和辐辏频率，增加眼外肌对眼球的压力，尤其是中小学生的眼球正处于发育阶段，球壁伸展性比较大，长时间的不良用眼姿势容易引起眼球的发育异常，导致近视眼的形成。

(4) 积极参加体育锻炼，增强体质。机体素质的好坏与青少年近视眼的发生也有密切关联。比如说，营养不良、患急慢性传染病、体质虚弱、偏食或贪吃甜食的孩子常见有近视眼。因此，日常生活中青少年的饮食要荤素搭配合理，不偏食，保证各种营养成分齐全均衡。平日里要加强体育锻炼，如跑步、做广播操、打球、踢毽子等。此外，做眼保健操也是预防近视眼、自我保健的好方法，可以在读书写字的间隙做眼保健操，以起到缓解眼疲劳的作用。

（三）龋齿的预防

（1）注意调理饮食和营养，多吃黄豆和豆类制品，新鲜蔬菜水果，骨头汤，蛋黄和牛奶等，保证食物中钙、磷和维生素含量充足，不挑食，不偏好精制米面和细粮。

（2）养成“早晚刷牙，饭后漱口”的良好习惯，睡前不吃糖果等零食。

（3）一方面，不应用牙咬过于坚硬的东西（如核桃、啤酒瓶盖），避免牙齿受到磨损；另一方面，还要经常吃一些比较粗硬的食物（如锅巴、炒蚕豆、软骨等）。吃的时候细细咀嚼，让牙齿、牙槽骨和颌骨得到适当的刺激和锻炼，使它们发育健全，增强抗龋能力。

（4）医学研究发现氟元素能够增加牙齿的硬度，增强牙齿的抗酸能力，并能抑制口腔里糖分的酵解，减少产酸酶的活动，对预防龋齿有帮助。青少年如果采用含氟的水漱口，或使用含氟的牙膏刷牙，均能取得较好的防龋效果。

（5）每半年定期检查一次口腔，以便早期发现龋齿，及时填补治疗，预防疾病扩散蔓延。

三、常见青春期疾病的应对

（一）少女在月经期的保健

（1）保持外阴清洁。经常用干净的温水冲洗外阴，避免经血结痂。清洗外阴时，下身不要泡在水中。以免脏水渗进阴道。更不能用洗脚巾和洗脚水洗外阴。洗外阴的盆也要和洗脚盆分开。大小便后用手纸时要由前向后擦，这样可避免把肛门周围的细菌带到外阴处。

（2）保持乐观和稳定的情绪。在月经期间，少女往往因身体的某些不适，如乳胀、腰酸、小腹坠胀、头痛而情绪烦躁，易怒或抑郁，情绪波动反过来又影响月经。保持心情舒畅，自我调节情绪，就可以减轻月经的不适感觉，也能防止月经失调。

（3）适当控制运动量。月经期要注意休息，保持充足的睡眠，以增强机体抵抗力。避免剧烈的体育运动和重体力劳动。女同学若遇到月经期间上体育课，可以向老师说明情况，参加一些轻松的运动，如体操、散步、打羽毛球或乒乓球等。

（4）注意保暖。月经期身体抵抗力下降，盆腔充血，要注意保暖。要避免淋雨、涉水、游泳或用冷水洗澡、洗头、洗脚，也最好不要在太潮湿的地上坐。夏天不要喝过多的冷饮，以免受寒、着凉，刺激盆腔血管收缩，导致月经减少或突然停经，引发其他疾病。

(5)注意饮食卫生，加强营养。月经期间可吃些容易消化吸收的食品，如蛋类、瘦肉、豆制品、蔬菜、水果，同时还要多喝开水，增加排尿次数，冲洗尿道，以预防炎症。不吃生冷及辛辣带刺激性食物，保持大便通畅，减少盆腔充血。

(6)做好月经周期的记录。通过记录可观察自己月经是否规律，也便于做好经前的准备。如果月经没按日期来潮，应当去找医师就诊，以便及时发现原因。

(二)青春期男生的保健

(1)每天睡前清洗外阴有利健康。包皮过长容易藏垢纳污，容易招致生殖器炎症，婚前如能割治，更符合性卫生。

(2)不穿过紧的牛仔裤，因穿太紧的牛仔裤既不通气，又形成对睾丸的压迫和较高的温度，能导致精子生成障碍，引起不育，所以不宜长期连续穿牛仔裤，牛仔裤宜与其他衣服交替穿戴。

(3)养成良好的生活习惯，不抽烟、不喝酒、不吸毒。手淫是男子正常性功能表现。但是，频繁手淫，造成体质虚弱、精神萎靡、失眠，则是手淫过度的表现，应当减少和节制。

(4)处在青春期的男生应该养成良好的生活习惯，尽量避免诱发遗精的因素，如不穿太紧身的短裤睡觉，不盖太重太热的被子，不看性刺激的书画影视，平时积极参加有益的文体活动，戒除手淫习惯。正常的遗精要解除思想顾虑，频繁的遗精亦不要讳疾忌医。

(三)痤疮的治疗

1. 局部涂药(外用药)

早期以及症状较轻的痤疮可以用祛除堵塞毛孔角质的药、杀灭细菌的药、消除炎症的药治疗，即外用药治疗。

2. 口服药(内用药)

痤疮的治疗主要是清除堵塞毛孔的皮脂以及消除炎症。症状比较严重时，可服用抗生素、消炎类药、激素类药、维生素 A 族。

3. 压出痤疮

用特殊设计的痤疮压出机使痤疮治疗更加快速，可预防痤疮疤痕。早期痤疮使用痤疮压出机效果较好，压出炎症性痤疮时要小心。

值得提出的是，对痤疮这种青春期的特殊病症应给予格外关照。虽然痤疮病不妨碍健康，但青少年却求治心切，因为痤疮恰恰发生在开始爱美的青春期，他们常以难以想象出的热情去寻觅各种治疗方法，或胡抠乱挤，甚至造成感染。不能低估他们担心痤疮有损美丽的心理压力。

（四）近视眼的治疗

许多疾病都能影响视力，所以视力低下者首先到眼科做详细的眼部检查，排除其他疾病所致，对于青少年还需要做散瞳验光，以明确诊断，根据情况进行相应治疗。如果青少年正处于生长发育期，要注意把握治疗的黄金时期。

（1）首选配镜。要注意验光的准确性和眼镜的质量。

（2）特殊治疗可进行手术，但手术要慎重。

（3）佩戴角膜接触镜。要注意清洗卫生，要求消毒保养和经常更换。

（4）近视眼食疗方法，进行辅助治疗。

（5）防治近视的新方法——心理疗法。

心理疗法是防治近视的一种简便可靠的新方法，主要是通过假想看远和看近、促使睫状肌放松和收缩、活跃和恢复两眼的生理调节功能，从而达到提高视力，预防近视的目的。

（五）龋齿的治疗

已经患了龋齿，可用针灸、按摩、拔火罐或吃止痛药等方法，暂时减轻或止住疼痛，但根本痊愈还是要靠专门的治疗。一般来说，患上龋齿后想不经过治疗，让它们自已长好是很困难的。当龋齿引起牙痛到无法控制的程度，经过填补治疗，都能达到消除疼痛，恢复功能的目的。龋病治疗的目的在于终止病变过程，阻止其继续发展并恢复牙齿的固有形态和功能。由于牙齿结构特殊，虽有再矿化能力，但对实质性缺损无自身修复能力。除少数情况可用药物外，均需根据牙齿缺损的范围、体积采用充填术、嵌体或人造冠修复治疗，以恢复形态和功能。治得越早，越容易治，效果也越好。

具体方法是用牙科电钻机除去龋洞内腐烂软化的牙质，做成一定的洞形，清洗、消毒以后，将金属和其他牙科材料填补进去，病变即中止，病症亦随之消失。如果龋齿已发展成牙髓炎，用单纯填补不能解决问题时，应对牙髓进行治疗。一旦龋齿破坏到仅剩下残根时，就应当及时拔去。

经典案例

小洁的烦恼

案例描述：小洁今年高三，正值高考冲刺阶段，自己感觉各方面状态都还不错，唯独以往都还规律的月经，近来却不那么正常了。要么过期了20多天还不来，要么来了以后总是滴滴答答的不干净，她自己倒并不在乎，可对她生活上倍加呵护的妈妈却看在眼里急在心里，这几天总在小洁耳边叨叨要她去医院看看，可小洁怎么也不肯去，这不，小洁妈妈只好背着小洁自己来到医院，其实像小洁妈妈这样“代劳”看病的家长还真不少呢。

案例分析：月经是子宫内膜受卵巢激素变化而引起的周期性出血，卵巢有规律的产生一月一次的排卵则有赖于卵巢本身的健康及控制卵巢排卵活动的神经系统的参与及性腺轴、垂体、丘脑各部分的正常运转。因此，子宫内膜及性腺轴各部分出了问题都会导致月经的不正常。那么，是否所有的月经异常都需要治疗干预呢？一般来说，初次行经之后的二三年之内，月经不规律是不需多加干涉的。因为青少年女性的卵巢从第一次排卵到功能完善常需要一个过程，许多女孩开始行经的头一二年月经不规律，后来才一月一次慢慢规律起来正是这个道理，如果初潮之后二三年月经还是不规则，尤其是那些体型过胖或过瘦的不用药就不来月经的女孩，或者是月经频发、长期月经淋漓不净的女孩，往往伴有内分泌方面的疾病和出血导致的慢性贫血，应该及时就医治疗。

那么小洁一向正常的月经突然改变了规律又是为什么呢？一般说来，处在高考这种特殊生活事件的背景下，看不见摸不着的学习压力和精神紧张是主要的原因，治疗也首先应从这方面着手，家长要学会和孩子交朋友，要善于疏导孩子的紧张心理，教育孩子正确看待高考结果，决不可因孩子的一次考试失利而恶语相加，冷讽热嘲，要帮助孩子制定一套可行的生活制度。避免经常开夜车影响睡眠，学习再忙也要安排一定的时间进行户外活动或郊游放松放松心情，同时要注意在这个特殊阶段安排孩子的合理营养，这些一般的措施都注意了，那么辅助些药物治疗也是可以的。

第五节　常见传染病的预防与应对

一、传染病的界定

传染病是由某种特殊的生物病原体（如细菌、病毒、寄生虫等）通过呼吸道、消化道、皮肤黏膜等不同途径侵入人体后所引起的能在人与人之间或人与动物之间传播的具有传染性的疾病。病原体在体内繁殖或产生毒素，并对正常细胞及功能造成破坏，严重时可导致感染者死亡。这些病原体，能通过多种途径，从一个传染源（例如病人、病畜）传到另一个人身上，在人与人或动物与人之间相互传染，使其他人也感染同样疾病。

二、常见传染病及传播途径

流行性感冒和流行性脑脊髓膜炎前面已讲过，不做赘述。

（一）乙型肝炎

乙肝是由乙肝病毒引起的一种常见传染病，它的表现形式多种多样，有病毒携带者、急性感染者、重症感染者和慢性乙肝患者，其临床症状有轻度的发热、上腹饱胀、浑身乏力、厌食油腻、食欲减退、恶心呕吐。乙肝可经输血、血制品、注射器传染、密切接触传染，也可以通过母婴垂直传播。

（二）细菌性痢疾

细菌性痢疾是由痢疾杆菌所引起的一种急性肠道传染病，主要临床表现为腹痛、腹泻、排脓血便及里急后重。传染源为病人及带菌者，人群普遍易感，传播途径是通过食物、水、手、苍蝇等传染。

（三）细菌性食物中毒

它是因食人含细菌及细菌毒素的食物发生的急性中毒，临床表现因细菌而异，以急性胃肠炎多见，潜伏期短，集体中突然许多人同时发病，出现恶心、呕吐、腹痛、腹泻及全身中毒症状，一两天内发病达高峰。传染源为进食大量细菌及其毒素污染的同一食品。

（四）流行性乙型脑炎

乙脑是由乙型脑炎病毒引起的中枢神经系统的急性传染病。临床上以高烧、意识障碍、抽搐及脑膜刺激症为特征，流行月份为7、8、9三个月，传播途径是经蚊子叮咬。

（五）非典

非典是由变异的冠状病毒引起的，主要通过近距离空气飞沫和密切接触传播的呼吸道传染病，其临床主要表现为肺炎。在家庭和医院有显著的聚集现象，潜伏期为2～12天，通常为4～5天。病人有发烧、体温大于38℃症状，伴畏寒、头痛、疲乏、干咳、呼吸急促、肺部X光胸片有不同程度的片状、斑状，浸润阴影或网状改变，抗生素治疗无效。

（六）禽流感

禽流感是禽流行性感冒的简称，是由甲型流感病毒引起的禽类传染性疾病，禽类感染后死亡率很高。高致病性禽流感病毒可以直接感染人类，它起病急，早期表现类似普通感冒、发热，体温大多在39℃以上，持续1～7天，可伴流涕、鼻塞、咳嗽、咽痛、头痛、全身不适，部分患者可伴有恶心、腹痛、腹泻，重症患者可出现肺炎、呼吸窘迫等表现。传播途径可经消化道、呼吸道、皮肤破损和眼结膜等进入人体传染发病。

（七）手足口病

手足口病是肠道病毒引起的常见传染病之一，多发生于5岁以下的婴幼儿，在夏秋季比较常见，可引起低热和手足、口腔等部位的皮疹、溃疡，个别患者可能并发心肌炎、肺水肿、无菌性脑膜炎等致命性并发症。主要是通过人群间的密切接触进行传播的。患者咽喉分泌物及唾液中的病毒，可通过空气飞沫传播。唾液、疱疹液、粪便污染的手、毛巾、手绢、牙杯、玩具、食具、奶具以及床上用品、内衣等，通过日常接触传播，亦可经口传播。与患者同一室最易感染。接触被病毒污染的水源，也可经口感染，并常造成流行。门诊交叉感染和口腔器械消毒不严也可造成传播。

三、学校传染病的流行特点

（一）学校传染病极易发生

学校是人群高度集中的地方，一个班50个左右的学生，集中在50平方米左右的教室里，整天在一起生活学习，相互之间密切接触。如果卫生设施不好，卫生制度不健全,卫生习惯不好,这就具备了传染病在学校里发生与流行的条件,使中小学生成为传染病高发的人群。

(二)学校是传染病的集散场所

学校是社会一个特殊人群组成的集散场所。年龄构成从儿童、少年到青年。学生每天从四面八方,一家一户汇集到学校里来,又从学校分散到千家万户里去,传染源从社会的每个角落进入学校,又从每个学校分散到每个家庭和社会上各个角落,所以说学校是传染病的集散场所。

(三)学校极易造成传染病的爆发和流行

传染源、传播途径和易感人群是传染病流行的基本条件,缺一不可。而流行的强度大小取决于传染源的多少,易感者的密度,传播途径实现概率大小和病原微生物致病力的强弱。学校易感者密度高,传染源又容易进入学校,传染机制极易实现。所以学校极易造成传染病的爆发和流行。

(四)学校传染病的季节性变化

学校传染病的流行与社会上传染病流行一样,具有明显的季节性变化。冬春季呼吸道传染病多发;夏秋季则以肠道传染病为主。除此之外,学校传染病的发生还与学校寒暑假及开学有密切关系。

(五)学校传染病的年龄特点

学校里的在校学生,其年龄可以从六、七岁到二十岁左右。学校传染病的发生与流行,可因年龄不同而有所不同。小学的传染病由于小学生基础免疫水平低,而易发生呼吸道传染病流行。中学的学生,正处于青春期,呼吸道和肠道传染病均可以爆发、流行。

四、传染病的预防

传染病流行的时候,切断三个基本环节中的任何一个环节,传染病的流行即可终止。

(一)控制传染源

不少传染病在开始发病以前就已经具有了传染性,当发病初期表现出传染病症状的时候,传染性最强。因此,对传染病人要尽可能做到早发现、早诊断、早报告、早治疗、早隔离,防止传染病蔓延。传染源是引发传染病的根源之所在,因此控制和消除传染源是控制与消灭传染病的根本措施。

(二)切断传播途径

传播途径是传染病传播的通道,因此,切断传播途径是控制与消灭疾病的关键措施。切断传播途径的方法,主要是讲究个人卫生和环境卫生,消灭传播疾病的媒介生物,进行一些必要的消毒工作等,可以使病原体丧失感染健康人的机会。

(三)保护易感者

保护易感人群,是控制与消灭传染病的重要措施,一种传染病是否能在某人群中发生、流行(包括流行的强度),均与该人群是否具有对该病的易感性有关。人群易感性高,说明该人群具备发生该病流行的可能性较大,一旦有传染源传入,并且有适宜的传播途径,即可形成爆发或流行态势。对于一种新的传染病而言,从来没有感染过这种疾病的人群都是易感者。注射疫苗是保护易感人群防止感染疾病的最好方法,现在很多传染病可以通过注射疫苗来控制。对易感者本人来说,应该积极参加体育运动,锻炼身体,增强抗病能力。

五、传染病的应对措施

(一)疫情的判断与核实

根据上述介绍的学校常见传染病主要症状判断与核实为何种传染病;确认后向当地卫生院防疫组做疫情报告。

(二)坚持晨检制度

认真询问、观察、检测(测体温)学生的健康状况,一旦发现异常,督促其就诊并严格居家隔离。

(三)严格病人隔离

严格掌握并按各种传染病的隔离期限责成患病学生居家隔离治疗,直至隔离期限届满后或经当地卫生院提供医师开具的无传染性的证明,患病学生方可返校上课。教师职工亦同。

（四）执行疫情日报告

每日根据晨检结果，报告当日新发病例数、痊愈病例数、住院病例数等信息，疫情报告信息要准确、及时。

（五）环境清洁与消毒

开展爱国卫生运动，保持学校环境卫生的清洁，校园内无卫生死角；定期对教室、宿舍等学生活动场所进行通风、消毒。学校发现传染病人后，除及时将病人隔离治疗外，还应及时对病人居住的宿舍和学习活动场所进行消毒处理，消毒持续时间应以一周左右为宜，以没有发现新病人为标准。

（六）健康教育工作

学校通过授课、出板报、发放宣传单等形式对师生进行各类传染病防控知识的宣传教育，教育学生平时加强身体锻炼，合理饮食和休息，增强自身抗病能力，学会“勤洗手、勤晒被、多通风、喝开水、吃熟食”的十五字防病口诀。疫情发生期间同学不得互相探望、串门，学校根据实际情况减少或停止集体活动，尽量避免全校或较多人员集会。

（七）保护易感人群

对未发病学生，可建议由家长携带到当地卫生院应急接种相关疫苗，或视疫情程度经卫生行政主管部门批准后，由当地卫生院组织入校开展疫苗应急接种工作，保护易感人群。

经典案例

寄宿制学校传染病案

案例描述：某中学是一所全日制寄宿制学校。2006 年 11 月，该校九年级(1)班的班主任老师身体不适，便自行按照感冒治疗了半个月，期间，该班多名学生也开始发病，症状和班主任老师的一样。经学校医务人员再三催促，该班主任老师方才去医院检查确诊为肺结核。在对全班学生进行检查后，发现该班已有 4 名同学感染上了肺结核。其中一人休学治疗一年，三人住院治疗三个月。

案例分析:这是经空气飞沫传播的典型案例。

(一)该班主任缺乏足够的防疫知识和防疫意识。学校的教职工在发觉自己出现疑似症状时,应立即咨询学校校医,必要时到正规医疗单位进行医学检查。一旦确诊患有严重的传染疾病,应立即采取隔离措施,绝对不能带病上班。

(二)该校没有建立起卫生防疫的体系。学校的晨检、上报等制度几乎属于空白状态,这才使得传染病在长时间内没有被发现,最终造成多名师生感染疾病的后果。

(三)针对以上情况,学校应当建立起传染病的预防、检查、上报、治疗、隔离等一系列的卫生防疫制度,从而预防传染病的发生,防止传染病的扩散。

第六节　吸烟酗酒吸毒的预防与应对

一、我国青少年吸烟酗酒吸毒现状及原因分析

根据中国疾病预防控制中心发布的《2010 年中国控制吸烟报告》,我国目前吸烟人数已经超过了 3 亿,每年有 100 多万人死于与烟草相关的疾病,超过了因艾滋病、结核、交通事故以及自杀死亡人数的总和。根据世界卫生组织在 151 个国家统计的数据显示,男性青少年吸烟的比例是 12%,女性青少年吸烟的比例为 7%。根据《2008 年中国控制吸烟报告》,我国现有 13 ~ 18 岁青少年 1.3 亿,据专家估算,青少年现在吸烟者约 1500 万,尝试吸烟者不下 4000 万,遭受二手烟雾危害的人数高达 6500 万。青少年尝试吸烟率为 32.4%,其中男女分别为 44.1% 和 19.9%,男生明显高于女生。男女生均呈现随年龄增长而增高的现象,男生增幅明显大于女生。初中阶段增长速度最快,高中一年级男生尝试吸烟率出现高峰。青少年现在吸烟率为 11.5%,男女生分别为 18.4% 和 3.6%。其中,初中男女生分别为 10.9% 和 2.7%,高中男女生分别为28.9% 和 4.9%。男生中,现在吸烟率随年龄增长而迅速升高。但在不同的年龄阶段,增长幅度有明显差异,在初三到高一升学阶段增幅最大。①

青少年酗酒和吸毒的情况也同样不容忽视。据我国关于青少年酗酒的调

---

① http://www.yangtse.com/jkpd/jkzx/200806/t20080603_453155.htm

查显示，曾经喝过酒的青少年人数为66.6%，29.6%的青少年曾经在8～15岁第一次喝酒。另外，根据国家禁毒委员会办公室发布的最新数据，截至2009年底，全国现有登记在册吸毒人员1335920人，比2008年底增加209158人，其中男性占84.6%，女性占15.4%。从年龄情况看，35岁以下人员占58.1%，与往年相比继续呈下降趋势，吸毒低龄化的发展趋势明显。2006年，辽宁省抓获的吸毒人员中，17～35岁的占90.8%，16岁以下的占3.7%，两项合计占94.5%，其中年龄最小吸毒者仅有15岁。

（一）青少年吸烟现象增多的原因分析

影响青少年开始吸烟的因素是多方面的，儿童青少年正处于生理、心理的快速发展时期，对事物缺乏准确的判断力，易受外界影响，初中学生开始吸烟者人数较小学生有急剧增加趋势，提示这一时期是儿童青少年吸烟行为的一个关键变化期。英格兰的一项定性调查研究指出，青少年认为吸烟是社会群体活动，吸烟可以显得与众不同。国内外许多资料表明：青少年往往是在遇到问题、感到孤独、寻求放松、追求感官刺激、希望标新立异、显得"另类""酷""强硬"，或者是受父母朋友的示范作用尝试吸烟的。同伴影响是青少年尝试吸烟的重要原因，有调查报告指出：初中阶段同伴劝吸率为41.8%，高中生为38.64%，大学生同伴劝吸率为29.06%。此外名人、师长的示范效应也极大地影响了青少年对烟草的使用。吸烟家庭中子女的吸烟比例明显高于不吸烟家庭的子女，父母对吸烟的态度和行为对子女具有很大的影响。有研究表明，广告对青少年的影响是成人的3倍，青少年吸烟可归结于烟草广告的影响。吸烟行为的形成，是个体心理、社会、环境等诸多因素共同作用的结果。

（二）青少年酗酒现象增多的原因分析

造成未成年学生饮酒的原因既有未成年学生的主观内在因素，也有社会不良风气存在的客观外在因素。

1. 内在因素

主要是受未成年学生的生理、心理特点影响。未成年学生正处于人生的过渡阶段。即从童年向青年过渡、从幼稚向成熟过渡、从不定型向定型过渡的时期。在此期间，学生充满着依赖与独立、幼稚与成熟等种种错综复杂的矛盾：他们往往孤立地认识事物的个别特征和表面现象；行动容易受好奇心驱使，常常具有冲动性和情绪性的特点；他们存在着求知欲强与识别力低的矛盾特点。喝点酒，无伤大雅。出于好奇，想尝尝酒到底是什么滋味。为了助兴，分享快乐，使自己显得时尚、老练成熟。这些五花八门的观点表现出他们瑕瑜不分，糟粕不辨，思想较多地受到外界因素的影响和支配的心理思维特征。一些未成年学生误把酒作为精神放松的辅助剂，企图“借酒消愁”，缓解面临的矛盾与冲突。以求得短暂的宽慰与松弛。从调查数据中显示，已经有10.2%的学生饮酒的目的是“为了摆脱束缚，放松自己”。这显示了已有相当数量的未成年学生存在企图借助于酒精来逃避自己生活中所遇到困难的心理危机现象。

2. 外在因素

主要包括：学校教育、媒体广告、家庭等方面。

(1)学校对禁止学生饮酒的教育力度严重不足。学校是学生学习知识的主要平台，但是目前不少学校对学生的饮酒问题却未给予足够的关注。大多数学校里没有专门讲授有关酒类知识的课程，许多学生缺乏酒对未成年人危害性的系统知识，并不了解未成年人饮酒的具体危害。尽管所有中小学校的行为规范中，有明文规定严禁学生饮酒，但在禁止未成年学生饮酒问题的宣传教育和重视程度上远远不够，对违规喝酒的学生也没有明确处罚规则。

(2)媒体广告是误导未成年人饮酒的一个重要助推力。广告的影响不可低估，未成年人接触到的酒类广告比任何人群都要多，而且他们比大人更容易受酒类广告的影响。广告充斥的是大量的“喝出健康、喝出快乐、喝出品味、舒服不只一点点”等片面、夸张的信息宣传。从而使一些未成年学生觉得饮酒是值得去追求的事。可以说，媒体广告的错误宣传是误导未成年人饮酒的重要助推力。还有一些酒类商品经营商违反规定，售酒给未成年人。

此外，家庭因素也不容忽视。未成年人模仿能力很强，父母长辈的举止对他们影响很大。

(三)青少年吸毒现象增多的原因分析

青少年吸毒现象增多的原因是多方面的，其中既有自身主观方面的原因，又有外界消极因素的影响，还有家庭、学校和社会的教育、管控失当等方面存在的系列问题，是现阶段社会诸多矛盾的综合反映。

1. 新型毒品有较强的欺骗性和隐蔽性

与传统毒品不同，新型毒品不被广泛认知。许多青少年对冰毒、摇头丸等新型毒品不了解，认为服用这些东西不会上瘾，就像吸烟、喝酒一样很平常，对身体也没什么危害。其实，这类新型毒品的主要成分——苯丙胺，成瘾周期比较长，并且戒断症状不明显，短时间内看不出其对人的危害，很容易使人上当受骗。

服食毒品后对人的强烈刺激作用，以及毒品本身带有的神秘性对青少年的诱惑极大。毒品的流通渠道非常隐蔽，青少年沾染上毒品后，一般很难被人发现。尤其是新型毒品，来源广泛，用法简单，见效快，容易被青少年所接受。

2. 青少年的心理特点及情感因素决定了他们是毒品的主要侵害对象

随着毒品的泛滥，青少年已经成为最容易受毒品侵害的高危人群之一，这主要是由于青少年的自身特点造成的。青少年的心理特点主要表现为好奇叛逆的心理、争强好胜的情感、片面认知事物以及缺乏理智的行为等。青少年吸毒的心理成因主要集中在三点：首先是低级欲望的满足感；其次是歪曲的友谊观；第三是淡薄的法制观。

一些青少年在情感方面，主要表现为对社会现状不满，对老师和家长不服从，情绪波动大，孤独感和苦闷感，变态的自恋心和虚荣心，精神空虚，喜欢追求刺激等，这些都是毒品寄生的温床。

3. 不良的家庭环境容易导致青少年走向吸毒的道路

家庭对青少年形成健康的心理有至关重要的影响。家庭关系紧张，动荡不定，经常发生激烈冲撞和矛盾的家庭，以及已经分裂或残缺的家庭，成员之间漠不关心，相互憎恨，这种不良的家庭气氛往往会使孩子产生对家庭的离心力，为摆脱烦躁的心理状态，容易沾染上一些不良嗜好。尽管一些家长自己不具备吸毒的某些性格和习惯，但如果教育方式不当，孩子会形成倾向于吸毒的潜在性格。家长如果对孩子放任自流，缺少对孩子的关爱、监护，孩子也容易被毒品俘获。

二、我国青少年吸烟酗酒吸毒预防机制的建立

(一)青少年吸烟预防机制的建立

开展创建“无烟学校”活动。通过组织和个体行为改变和制定校园不吸烟的政策，建立支持性环境，从而有效地预防学生吸烟现象的发生。目前全国大部分省区均开展了这一活动，“无烟学校”上万所。该项目吸取了以往的学校教育难以成功降低青少年吸烟率的经验教训，以降低学生的尝试吸烟率为目标，强调以学生为中心，引入参与式教育方法，成功编印了内容新颖、形式活泼的学校预防吸烟健康教育活动指导用书——《不吸第一支烟》，将预防吸烟、健康教育与技能培养融入到学生正规教育中去，创造性地开展活动。

（二）青少年酗酒预防机制的建立

1. 中小学校应该加强对学生进行禁止未成年人饮酒的教育

学校作为教书育人的场所，是未成年人学习知识、健康成长的主要平台。学校要"坚持以人为本、全面实施素质教育"的要求。强化搞好禁酒教育工作的责任感和紧迫感，积极加强对学生进行禁止未成年人饮酒知识的教育。各中小学校应该充分发挥课堂教学的主渠道作用。在相关课程里增加相关酒类常识。向学生介绍酒的特性，剖析酗酒对未成年人身心危害性的系统知识。让学生真正认识到"酗酒无异于自杀"。从理性上增加学生对于酒的危害性的系统科学认识，从主观上提高学生禁酒的自觉性和主动性。

2. 各学校要充分利用墙报、学刊、演讲、班会等多种有效载体加大宣传力度

详细揭示未成年人饮酒的危害性，在学校里形成浓厚的禁酒教育氛围。让学生深刻认识到"禁酒才是成熟的表现，酗酒是伤身败行的蠢举"。使学生形成"酗酒为蠢，禁酒为智"的正确舆论导向。

3. 各学校应该进一步加强学生的心理教育

对一些学生在学习、生活、人际交往和自我意识等方面遇到或产生的各种心理问题，开展有针对性的心理健康教育，使学生不断正确认识自我，增强调控自我、承受挫折、适应环境的能力；培养学生健全的人格和良好的个性心理品质。对少数有心理困扰或心理障碍的学生，给予科学有效地心理咨询和辅导，使他们尽快摆脱障碍，帮助他们掌握调控自我、发展自我的方法与能力，避免他们陷入"借酒消愁愁更愁"的尴尬境地。

（三）青少年吸毒预防机制的建立

1. 充分发挥学校教育阵地的作用

充分发挥学校教育阵地的作用，就是要把防毒、禁毒教育作为对学生教育的重要内容，以禁毒知识讲座、以案示例、观看禁毒展览、自护教育等形式，对青少年学生进行禁毒教育，把禁毒教育纳入德育教育的内容，使防毒、禁毒的观念深入人心，从而使广大青少年自觉增强拒绝毒品、远离毒品的自觉性，提高自我防范的能力。学校宣传教育的内容主要应包括：一是普及毒品的有关知识；二是加强心理卫生知识教育；三是加强人生观、价值观教育。

2. 注重家庭教育的重大预防作用

家庭教育和预防，对防止青少年吸毒具有很大作用。父母及家庭其他成员

对孩子的教育是在潜移默化中进行的,具有极强的感染性。为教育好子女、预防孩子吸毒,父母要做到:注意父母的言行对孩子的影响,为孩子提供一个互爱、守纪、温暖和向上的家庭环境,特别是自己不吸毒,起表率作用;学习、了解毒品的有关知识并经常向孩子讲解,让孩子充分认识到毒品的危害性;在满足孩子的好奇心时,一定要培养正确的是非观、金钱观;注重思想教育和美育,决不要培养孩子注重吃、喝、玩、乐的生活态度;教育孩子应踏实、好学、向上,决不能好慕虚荣;注意孩子与哪些人结交朋友,不能与吸毒者为伍;关心孩子的生活,若发现孩子性格和行为有异常变化,如经常将自己关在房内不愿见人或花钱很多,要引起警惕;及早纠正孩子的心理问题(如焦虑、抑郁等),密切注意孩子的人格状态,发现偏差应及时求助于专业的心理辅导机构进行心理矫正。

三、我国青少年吸烟酗酒吸毒应对机制的建立

(一)创新学校、老师、同伴预防吸烟教育模式

以往的学校预防吸烟教育活动主要是通过健康教育课来实现,能够用于预防吸烟的教育时间极其有限,且教育形式主要是在课堂上教师讲学生听,不能产生很好的效果。中国健康教育所的专家们通过多年研究和实践,总结出一套强化学校控烟干预效果的创新模式,其创新之处在于:以组织活动为主、以行为引导为主、以课堂外为主、以学生为中心,与家庭社区相结合,多门课程协同作战,以降低尝试吸烟率为目标。这个新的模式现在被推广到我国许多省市的中小学。教师的干预,对于预防青少年吸烟能起到非常重要的作用。一方面教师可给学生树立不吸烟的角色模型;另一方面由教师执行干预活动,向学生传播健康信息,可以产生更好的干预效果。同伴教育是干预学生吸烟行为行之有效的方法,通过对班级干部、"学生头"、"伙伴头"进行有关吸烟有害健康的知识、审美观、拒绝递烟技巧的教育和培训,再由他们去影响其他伙伴或同学。

(二)责成媒体在酒类营销广告中加入禁酒警示内容

在现代社会中,广告已成为人们日常生活中不可缺少的内容。它对于人们的消费观念、消费心理和消费行为具有引导作用。在铺天盖地的广告环境中,人们日常生活的兴趣、爱好和行为都不可避免地要受到广告潜移默化的影响。对于未成年人来说尤为显著,未成年人接触到的酒类广告比任何人群都要多,而且他们比大人更容易受酒类广告的影响。我们的调查数据也显示出有60%

以上的未成年学生是通过媒体广告饮酒的。可以说,目前的媒体广告成了未成年学生接触有关酒类知识的主要来源。媒体应该认识到,广告是一种有责任的信息传播活动,必须遵循相关法律原则,对社会和公众负责。如今,国家的《预防未成年人犯罪法》和商务部的《酒类流通管理办法》等法规均作出了禁止未成年人饮酒的相关规定,因此应该要求媒体广告在介绍酒类商品信息的时候,必须加入“过量饮酒有害健康”“禁止未成年人饮酒”等相关警示内容。从而让广大消费者,尤其是让未成年学生提高对“嗜酒有害”“未成年人不应饮酒”的警觉性。强化禁止未成年人饮酒的社会舆论氛围。

(三)加大毒品犯罪打击力度

吸毒以能获得毒品为前提和条件,因此,加大毒品犯罪打击力度,杜绝毒品来源,使吸毒现象成为无源之水,是减少、消除吸毒问题的根本手段,是遏制青少年吸毒蔓延趋势的最直接有效地措施。我国现行刑法对毒品犯罪的规定是细密、全面而严厉的。除了吸食毒品外的所有与毒品有关的行为,我国刑法均规定为犯罪,具体包括:走私、贩卖、运输、制造毒品罪,非法持有毒品罪,包庇毒品犯罪分子罪,窝藏、转移、隐瞒毒品、毒赃罪,走私制毒物品罪,非法买卖制毒物品罪,非法种植毒品原植物罪,非法买卖、运输、携带、持有毒品原植物种子、幼苗罪,引诱、教唆、欺骗他人吸毒罪,强迫他人吸毒罪,容留他人吸毒罪,非法提供麻醉药品、精神药品罪等。只要我们严厉而有效地打击了这些犯罪,比如能及时铲除种植的毒品原植物,能及时发现和堵住贩卖毒品的各种通道,能及时查封地下的各种非法“烟馆”,引诱、强迫、教唆、容留、欺骗他人吸食毒品的犯罪分子能及时被抓获归案等,青少年的吸毒问题也就失去了蔓延的条件和基础。

经典案例

初中生吸毒案

案例描述:周某系某中学九年级学生,八岁时父母离异,缺乏家庭的关爱和教育。在周某八年级时,因为在校不好好学习,经常旷课,所以结交了一些社会上的不良青年。一个星期六的晚上,周某和三个朋友在一家网吧上完网后,在朋友怂恿下,周某开始吸毒,从此便开始了瘾君子的生活。为了得到买毒品的费用,他先是谎称自己的学校要缴纳各种费用,从父亲那里骗钱。随着毒瘾的加大,骗来的钱也不够用了,周某便把家里值钱的东西拿去卖,后来经常在外面小偷小摸。2010 年 9 月,周某为筹集毒资,在一所职业中学附近持刀抢劫,被警方当场抓获。

案例分析:综合分析周某由吸毒进而走上抢劫的道路,以下几点因素对其影响是巨大的。首先是缺乏基本的家庭教育。由于周某自幼父母离异,所以严重缺失父母对其关心、照顾和教育,使其难以体会家庭的温暖,这样不但不能养成良好的行为习惯,反而容易受到社会不良青年的影响。其次是学校教育没有对周某的不良行为及时地进行矫正。在周某经常逃学、旷课的情况下,学校的教育假如能够发挥足够的作用,也是有可能阻止周某发展到后来违法犯罪的地步的。最后是社会环境的影响。社会不良青年的影响、网吧违法容留未成年人、毒品犯罪的蔓延等都是周某最后走向犯罪道路的催化剂。

由此可见,青少年违法犯罪,尤其是毒品引发的违法犯罪是应当值得我们警惕的。作为教育工作者,应当对学生的行为注意观察,发现学生的行为、情绪等方面有异常情况时,应当及时地与学生家长取得联系,了解原因,并采取有针对性地措施。如有《预防未成年人犯罪法》规定的不良行为或严重不良行为的学生,学校应当和公安机关密切配合,对其加以矫治。

第七节　常见心理疾病的预防与应对

一、心理疾病的界定及常见表现形式

心理疾病又称精神疾病,是一类以精神活动失调或紊乱为主要表现的疾病。主要包括精神病、神经症、人格障碍、性变态以及精神发育迟滞等。具体到校园学生,心理疾病有以下几种:

(一)神经衰弱症

此症常见于毕业班的学生,因心理压力大,长期精神过度紧张而造成,表现为:失眠、健忘、疲乏、头痛头晕、心情烦躁、抑郁、易发怒、易冲动、注意力不集中、记忆力减退、学习成绩下降等。这些学生往往自尊心很强,追求上进,易自我加压,家庭责任感很强,渴望为父母争气。他们给自己定的目标往往较高,超出实际,一旦达不到,便陷入无限地自责、愧疚中。

(二)强迫症

此症是一种以强迫症状为主要临床表现的神经症。强迫症状的特点是意识的自我强迫与意识的自我反强迫同时并存,两者的冲突导致病人紧张不安、十分痛苦。病人知道这是异常的但无法摆脱,强迫症状多见于强迫观念和强迫行为,所表现出的性格特征,如谨小慎微、墨守成规、缺乏自信、胆小怕事、优柔寡断、办事认真、喜欢过多过细地思考问题、缺乏随和、过于追求完美,或者主观任性、急躁、好强、自制力较弱等。

(三)焦虑症

患有焦虑症的学生无端感到惶惶不安、心烦意乱,甚至产生恐惧感。它与一般人平时偶尔出现的焦虑情绪不同,后者一般由具体事物引起,有一定对象,往往事过境迁,属于情境性焦虑,而焦虑症却往往找不到引起焦虑的具体对象和理由。随着焦虑情绪的产生,还往往同时伴有心悸、头昏、恶心、手脚发冷等植物神经系统症状。

焦虑症患者的内心深处往往有一种无法解脱、不愿正视的心理问题,焦虑只是那种矛盾、冲突的外显,借此作为防御机制,以避免接触更深层的困扰。个性特点方面表现为情绪不稳、自卑多疑、好夸大困难或回避困难、依赖性强、谨小慎微、优柔寡断、神经质倾向等。

(四)孤独退缩性

患此症的学生,农村多于城市,女生多于男生,这些学生往往情绪消沉、胆小怕事、闭锁孤僻、寡言独行,不愿与人交往,不愿参加集体活动,甚至不愿到公开场合去。一旦被迫出现在公开场合,则扭扭捏捏、面红耳赤、手足无措、语无伦次。

(五)多疑症

患此症的学生是女生多于男生,表现为主观臆测、无端猜疑,这些学生往往性格内向,很少与人交往,心胸狭窄、患得患失,非常在意别人对自己的看法,从而引起内心不必要的痛苦。

二、产生心理疾病的原因

导致青少年学生产生心理病症的原因很多,主要有学校、家庭、社会、个体及遗传等背景，并且各种背景因素之间交互作用，从而导致了青少年心理疾病的产生。

（一）学校因素

1. 繁重的课业负担和频繁的考试，使学生难得有喘息的机会，心理始终处于高度疲劳状态

面对“千军万马过独木桥”的激烈竞争，多数学校采取日光＋灯光的办法。拼时间、拼体力，学生整天有写不完的作业、读不完的书，终年累月地刻苦拼搏，使他们的情绪低落、体质下降。那些成绩优秀的学生迫于压力，只能更加严格地约束自己。即使那些成绩较差升学无望的同学，怯于团体压力和家长的逼迫，始终处于上不去也不敢下的焦虑之中，直接影响学生心理的发展。

2. 教育方法不当，导致师生之间关系紧张

有些教师在教育学生时往往采取粗暴的方法，如当着全班同学的面大声训斥违纪的同学，甚至会令其“滚”出教室不让听课。更有少数的教师对学生施行体罚或罚款，造成学生自尊心严重挫伤，使他们始终在提心吊胆中学习和生活，这种教育方法必然会给青少年的心理健康造成严重的威胁。

3. 缺乏心理健康指导

青少年的心理状态正处于急剧转折时期，内心充满矛盾与无助，对于这些矛盾，自己不会排解，又不能得到家长和教师有效合理地指导和帮助，长时间积聚在心中的抑郁之情无法得到及时合理地化解，于是他们内心的那架天平便日益出现偏差，心理不平衡的状态日益严重，从而导致了严重的心理疾病。

（二）家庭因素

1. 父母对子女期望过高，使青少年学生面临着巨大的心理压力

父母望子成龙、盼女成凤之心非常迫切，这使本来难以达到心理平衡的青少年变得更加不平衡。他们难得有空闲时间放松一下高度紧张的神经，只能整天为父母而学习，为考上大学而学习。因此，家长过高的期望对子女产生的心理压力易造成孩子心理畸形发展甚至导致心理疾病。

2. 溺爱式家教方式是孩子心理发育不良的主要原因之一

溺爱使孩子逐渐养成了“自我中心”的心理定式。这种“自我中心”的观念，带到学校会形成过分“要尖儿”，一旦在班级里要不成尖儿，便心生烦恼与

嫉妒,便会感到自尊心受到了极大的打击。溺爱型的孩子缺乏应有的应对逆境的心理素质,像长在温室里的花朵,经不起风雨的打击,欠缺锤炼,因此,遇到实际问题就窘态百出,强烈的自尊变成了强烈的自卑,这种"自卑情绪"长期郁于心头,很容易形成各种恐怖症和偏常人格,做事畏首畏尾,学习不求上进,人际关系紧张。

3. 错误的家教策略

第一在教育态度上,父母的意见不一致,一方教育而另一方袒护便会造成孩子"认知不协调"的诱发和助长孩子病态的"双重人格"。第二是封建家长式的教育方法,恨铁不成钢,家长对孩子总是无缘无故地打骂、训斥,给孩子造成深深的心理创伤,使孩子形成羸弱的奴隶性格,或形成以暴制暴的反社会叛逆性格。第三是家长的唠唠叨叨,使孩子形成逆反心理,对家长正当的要求也不放在心上,形成我行我素的不好习惯。同时,由于"代沟"的存在,亲子之间缺乏合理的沟通与理解,孩子的心理矛盾不能及时排解,促使孩子心理朝畸形化方面发展。

(三)社会因素

1. 社会发展速度快,现代人心理压力大

现代社会科技发展快,信息来源快,观念更新快,关系变动快,生活节奏快,升学竞争、就业竞争等各式各样的竞争,都使青少年心理压力越来越大,甚至超过其心理承受能力,从而转换为心理疾病。

2. 社会不良风气对青少年的心灵起着潜移默化的毒害作用

由于社会风气不良,易使青少年形成狭隘抑郁、怯懦自卑、消极颓废、对立破坏等病态心理。

3. 社会心理保健机构发展滞后

学生心理保健意识差,青少年学生有病不医,病情加重,缺乏心理健康方面的知识,导致心理疾病的产生。

(四)个体因素

1. 体质因素

体质因素包括自身和母体两方面。例如,抑郁质在周围环境不顺利的情况下,容易出现神经官能症、瘟病,而胆汁质的人更容易出现精神分裂症,这些属于自身的。据研究,怀孕的母亲,如果经常焦虑和精神沮丧,则在生理上会产生一种化学物质，这种物质能穿透胎盘直接影响正在生长发育的胎儿，使孩子出生后也受到母亲体质因素的影响。

2. 身体发育所带来的影响

青春期是一个人生长发育的剧变时期，生理状态会产生很大的变异，有的孩子不能很自如地去应付这种生理上的变异。如果未能得到家长和老师的关怀，就容易导致孩子心理出现不健康的情况。

3. 感情反常也是学生心理健康的重要因素

惧怕、冲突、失败等情感感受是影响心理健康的重要因素。

4. 意志薄弱也是影响心理健康的又一重要因素

青少年意志薄弱，尽管他们也有一定的道德认识，但在行为中受到干扰和阻碍，无法达到预定的目标，于是就产生相反的行为结果，使他们感到悲观、失望，心理受到挫折。

三、心理疾病预防机制的建立

（一）开设心理健康教育课程

各级各类学校应开设心理健康教育课程，并作为必修课之一。学校要针对学生的年龄特点系统地向学生进行必要的心理健康知识和技术教育，同时还要结合各科教学特点进行心理健康教育，如采用“愉快教学法”“情境教学法”可以使学生放松心情、陶冶情操、不断提高心理素质。

（二）设立心理咨询处，建立咨询信箱

每个学校应有3～5名受过专业岗位培训的心理咨询教师。负责对学生进行心理咨询与测量，并矫正轻度心理障碍和偏差行为。同时建立咨询信箱，让学生毫无顾虑地倾吐心声，在一定程度上可以缓解学生们心理疾病的状况。

（三）减轻学生的课业负担，变应试教育为素质教育

要不断改革教学方法，切实推进素质教育，发挥素质教育给孩子们带来益处的长处，切实减轻孩子们的负担，寓教于乐，使学生由“乐学”到“会学”再到最后的“要学”。根据学生的实际情况因材施教，综合评定学生成绩，减少作业量，提高学习效率，鼓励学生多参加社会实践，丰富课堂生活。

（四）开办家长学校，争取家长对学生心理素质教育的密切配合

首先，应更新家长教育观念，改变娇惯的教育方式，变专制式教育为民主式教育。其次，要教会家长一些关于如何培养教育孩子的知识，使他们遇到问题知道该如何去和孩子交流，从而避免那些使学生感到压抑的教育方法重现。最后应教给家长一些青年心理学和心理卫生的有关知识，使他们掌握一些基本常识和技巧，了解自己孩子的心理特点和存在的问题及矫治方法。

（五）培养积极的情感、坚强的意志、良好的性格

应使学生保持良好的心境和乐观的情绪，形成适度的情绪反应能力和较强的抗干扰能力，有意识地培养自信心、成就感、提高自我评价、自我控制能力和勇敢坚强的行为品格，克服自卑心理，形成开朗、活泼、具有同情心正义感的良好性格。

四、常见心理疾病的矫正

（一）神经衰弱症

第一，应多找学生谈心，为其化解压力。第二，动员学生加强营养，多参加文体活动，增强体质，注意一张一弛，必要时辅之以药物治疗。

（二）强迫症

患强迫症的学生内心是非常痛苦的，他们所承受的心理煎熬是难以想象的，他们自身有强烈的治疗愿望，但自己又缺乏信心，非常担心会被别人看不起。所以教师要多安慰他们，并严格为其保密，防止伤害到这些学生的自尊心，对患强迫症的学生，可采用如下方法：

第一，可采用森田疗法，主张“顺其自然”，即指导学生接受自己的症状，不排斥它，带着症状生活。比如，对强迫现象要顺其自然，对恐怖对象不回避，带着症状去接近，即使感到不愉快也要坚持，要像正常人一样生活，这样症状就会慢慢淡薄以至消失。

第二，经常组织这些学生参加每天的课外活动和其他文娱活动，最好让他们担任诸如文娱委员、体育委员、劳动委员等方面的职务，使其全身心地投入到文体活动中去，以转移注意力，打破他们原有的心理与行动程序。

第三，特别严重的再辅之以药物治疗，久而久之，这些心理问题是可以治愈的。

（三）焦虑症

对患有焦虑症的学生，可采用如下方法：

第一，使他们了解焦虑症与躯体变化之间的关系，减轻其心理上的压力及焦虑，尽可能地揭示焦虑症背后的潜在冲突（如学习压力过大、追求完美、对严峻的就业形势思虑过度），在此基础上给予支持性心理咨询，增强他们各方面的信心。

第二，采用松弛疗法（如音乐放松训练）、气功疗法、生物反馈疗法以及催眠疗法等都有良好效果。

第三，药物治疗常用抗焦虑药如安定、利眠宁、安宁等，可控制焦虑症状。多虑平具有抗抑郁与抗焦虑的双重作用，常用于焦虑、抑郁同时存在的情况。

（四）孤独退缩症

第一，晓之以理，动之以情。人应该去积极适应社会，而不该让社会适应自己。人应该面对现实，主动将自己融入丰富多彩的社会，才能达到与整个社会的和谐一致。老师和同学多向他们伸出温暖之手，生活学习方面多与他们交往，使之认识到老师、同学对他们都是很友好的，生活中大多数人都是好人。

第二，鼓励其积极参加集体活动，班级管理最好使用班干部轮流制，使这些学生能有机会公平地参与班级管理，在一些活动中起组织发动作用。老师给他们机会在班会上讲话，这样他们会逐步体会到自己的价值以及与人坦率交往的乐趣，性格也会变得逐渐开朗。

（五）多疑症

第一，教育这些学生心胸要开阔，性格要豁达，像大海那样能够容纳百川、像大地那样能够负载万物，这样才能笑对人生，永远生活在爱的海洋中。

第二，鼓励这些学生多与别人交往、沟通，多参加集体活动，充分享受同学友谊的乐趣和集体生活的温暖。

经典案例

班长落选之后

案例描述：童童系某中学高二年级学生，学习成绩优秀，工作积极，曾任班长。但因为童童平时为人多疑、爱计较，同学关系极差，以致发展到班上没人理她。在班里重新进行的班长选举中，童童因为人缘关系差而落选。童童认为她的落选是这次当选为班长的刘某搞的鬼，于是装病请假回寝室，把刘某的一条漂亮的白裙子扔到地上踩踏，仍觉不解气，随后又用剪刀把裙子剪成一条条的……

案例分析：

童童的行为是多疑症的典型表现。多疑症的患者多以自我为中心、性格孤僻、对他人的猜忌心理非常重，而且非常在意别人对自己的看法。在本案例中，童童因为和同学关系不好而在班长选举中落选，就对其他同学产生猜忌心理，以为别人在背后捣鬼，进而用毁坏别人财物的方式发泄自己心中的不满。

针对具有多疑症的学生，教师应当鼓励这些学生多参加集体活动，也应教育周围的学生对他们进行鼓励和帮助。同时，教师还应当有意识地增强这些学生的抗挫能力，使其能够坚强和勇敢地面对学习和生活中出现的各种困难。

第四章　意外伤害类事故的预防与应对

第一节　意外伤害类事故的概述

一、校园意外伤害事故的内涵及其特点

校园意外伤害事故是指因为疏忽大意或者过于自信，而导致在校学习、生活的师生发生的人身伤害事故。其中疏忽大意的过失是指：行为人应当预见自己的行为可能发生人身伤害的结果，因为疏忽大意而没有预见，以致发生了这种危害结果的心理态度。过于自信的过失是指：已经预见自己的行为可能发生危害社会的结果，但轻信能够避免，以致发生这种结果的心理态度。

意外伤害事故具有以下特点：

(1)外来因素造成的，使身体外部造成损失的，如车祸、溺水、食物中毒等。

(2)突发的，指在瞬间造成的事故，没有较长的过程，如落水、触电、跌落等。

(3)意外发生的，指未预料到和非本意的事故，如飞机坠毁等。

另有一些事故虽然可以预见或避免，但由于无法抗拒或由于履行职责而不得回避的，也应列入“意外”范围，如轮船着火被迫跳海逃生，见义勇为与歹徒搏斗而负伤等。

校园意外伤害事故的类型主要有道路交通安全事故、学校用火用电事故、学校公用设施事故、学校运动伤害事故、学校溺水事故、学校踩踏事故等。

二、校园意外伤害事故的原因

造成校园意外伤害事故的原因很复杂，既有客观方面的，也有主观方面的，大致可以归纳为以下几个方面：

(一)学校软硬件设施不完备

1. 学校课程设置不科学

有的学校重智轻德，片面追求升学率，偏重文化课教育，放松了费时、费力的德育教育、法制教育和行为管理。学校课程设置及教育内容方面也存在着严

重的缺失:在很多学校,校园安全、校外活动安全、交通安全、自然灾害防范、性侵犯防范等教育至今仍是空白。

2. 学校的建筑、设备等存在隐患

学校的各种通道以及楼道应当与学生的人数相适应,通道或楼道过窄就可能造成拥挤并发生伤害事故,尤其是在下课、上操等人数相对集中的时刻。学校建筑的层高不够与通风不畅、楼梯栏杆高度不达标、没有围墙或围墙太低、实验室通风不规范、厕所建设不达标、饮用水供应不标准、电风扇安装不牢等问题,都可能酿成校园伤害事故。在校园设备方面,如教学器械设备不达标、体育器械故障、门窗玻璃不牢固或质量差等也会对学生造成伤害。

3. 校园制度存在隐患,学校管理不到位

门卫制度、食堂卫生制度、宿舍管理制度、定期安全检查制度、作业与作息制度等方面,都可能潜藏安全隐患。

(二)家庭教育有误区

很多家长对孩子的安全教育意识淡薄,或因为种种缘由没有切实履行抚养和监护的责任。有的父母奔波劳苦,没有时间教育孩子;有的父母一味娇生惯养孩子,在孩子学习、生活遇到困难时,不是鼓励其通过自己的努力去克服,而是无原则地包办代替;有的父母对孩子采取“放羊政策”,放任自流,不加管教,忽略了孩子的需要。家长在安全教育上的盲区,忽视孩子生存需求,造成孩子依赖性强,心理素质差等不良素质。致使学生缺乏安全防卫知识、安全意识和安全习惯,自我保护能力差,安全意识不强。

(三)社会环境的影响

学校所在区域的经济水平和文化发展状况,尤其是社会风气、校园周边地区的治安质量等都直接影响学生的安全保障水平。家长、学校和社会缺少交流合作,人们习惯于把意外伤害看做是公安、交通等部门处理的事情,卫生部门也仅对伤员进行抢救、治疗,而对意外伤害事故没有引起足够的重视。

三、校园意外伤害事故的预防与应对

青少年是民族的希望与未来。然而,随着自然和社会环境的变化,由各类灾害、人为暴力等导致的校园意外伤害致使近年来青少年受伤害人数急剧上升,给本人和家人带来极大的痛苦和灾难,给学校、社会乃至整个国家带来无法弥补的损失。重复发生的情节和事故值得我们深深地思考与反思。那么,如何有效地预防校园意外伤害事故的发生？建立校园意外伤害事故预防与应对机制是必然的选择。

（一）构建切实可行的安全防范体系是预防学校安全事故发生的基础

努力构建学校安全防范体系，是预防学校安全事故发生的重要保证。学校领导要本着对学生安全负责的态度，增强抓好学生安全的使命感、责任感。严格执行学校安全工作规定，抓安全从而将事故消灭在萌芽状态。学校要根据国家法律法规，不断健全各种安全规章制度，从根本上为学校安全工作奠定良好的基础。根据学校规模、性质、地理环境的不同，健全安全工作规程、安全教育制度、安全管理制度、安全检查制度、安全保卫制度、安全值班日制度、门卫制度、教育教学及涉外活动制度、安全工作月报告制度、重大安全事故报告制度、安全事故处理制度、安全工作预案和避险紧急预案、安全考核制度以及安全工作责任追究制度等，使安全工作做到有章可循，有据可查。

（二）安全教育是预防学校安全事故发生的关键

学校安全教育应以学生为主，同时对教职员工开展教育。学校要因地、因时制宜，有计划地根据不同层次学生的特点，开展多种形式、广泛深入、确实有效的安全教育活动，普及安全常识，增强预防及自我保护能力；通过实践演练、安全防范应变技能比赛、自救自护方法教育和训练、安全知识竞赛等活动提高师生安全意识和防范技能；要通过家长会、家长学校宣传安全工作的重要性，赢得家长的配合和支持；学习重大安全事故案例，帮助师生树立珍爱生命的意识和思想；利用广播、网络、板报、标语、集会等多种形式营造学校安全教育的良好氛围。安全是一种意识，更是一种习惯。在预防校园伤害的教育中，不能忽视学生心理素质的培养，包括应激心理训练（如冷静心态、勇敢精神、创造能力等）、良好心理品质的训练（如沟通、合作能力等）和安全能力的训练（如防灾避险、自救互救、被害预防等）。训练应强调实践和体验，力求学生获得全面的生活经验。同时，应做好学生的心理辅导工作，预防学生的心理危机。

（三）依法处理学校安全事故为学校持续健康发展起到保驾护航的重要作用

学生伤害事故大多是由于各方的过错造成的。全面、深入地剖析学校事故的防范举措，具有重要的现实意义。学生伤害事故中的责任认定、责任承担、赔偿标准、处理方式等，在《中华人民共和国教育法》《中华人民共和国教师法》及《中华人民共和国未成年人保护法》，以及《中华人民共和国民法通则》以及最高人民法院有关司法解释等都有相应的或类似的规定，《学生伤害事故处理办法》的出台更为事故处理提供了具体的法律依据。

（四）要建立学生意外伤害事故保险制度

学生意外伤害事故保险是一种社会化的运作方式，由学校在学生入学初期向保险机构缴纳一定保险金。在事故发生后，保险机构经过认定，直接支付赔偿金给受伤害学生。构建学校风险分散机制，有效提高学生风险意识，切实做好学校风险转移，是妥善处理学校安全事故和学生伤害事故的有效方法，是学校安全工作和风险防范工作的必要补充，是保障学校及社会稳定的重要环节，是维护学校及师生合法权益的有效途径。

第二节　道路交通安全事故的预防与应对

一、道路交通事故的内涵

道路交通事故也称公路交通事故，是指车辆驾驶人员、行人、乘客以及其他在道路上行进的与交通有关的活动人员，因违反《中华人民共和国道路交通安全法》和其他道路交通管理法规、规章的行为（以下简称违章行为）过失造成人身伤亡或者财产损失的事故。

二、学生道路安全事故出现的原因

（一）来自学生方面的原因

1. 自我保护意识差

大多数中小学生由于生理、思想上尚未完全成熟，心理上也常常处于不稳定的状态，尤其是小学生，他们是活跃的群体，可他们的交通安全常识缺乏，对行人的行走规则及机动车的行驶特点不明确，更不明白违反交通法规将会导致怎样的后果，将公路和街道变成他们的操场、竞技场和打闹玩耍场所。

2. 交通行为较盲目

学生大多好奇心强且具有冒险精神，明知违规却偏要穿越隔离护栏，与车辆赛跑，骑车追逐、嬉戏；或明知危险，却硬是胡钻乱窜，调头猛拐，车辆临近突然横穿，骑车撒把，加之学生遇事不冷静，对后果估计不足，遇到突发情况经常手忙脚乱，措施不当，从而诱发交通事故。

（二）社会原因

1. 家长率先垂范不够

有的家长接送中小学生时不走人行横道，过马路随意闯红灯，有的逆行或上机动车道行驶，与机动车争道抢行，骑摩托车不戴头盔，这些不良的交通习惯，对孩子的影响极深，起到潜移默化的作用。另一方面，家长监管力度不够。有的家长因忙于工作，对孩子严重缺乏管教，更谈不上教育了。而且孩子的冒险以及叛逆心理较强，同时又缺乏交通安全知识，使得交通安全隐患层出不穷。

2. 社会管理不到位

一般情况下，学生上下学时在通往学校的各主要路口都要有交警，学校门口都要有助学岗，学生看到有交警执勤，基本上都能自觉遵守交通法规，交通违法行为相对少一些。但在大部分地区存在着警力不足，整体执法水平不高；道路交通设施欠缺；交通科学技术管理落后，科技含量不高；群防群治，综合治理社会化管理交通的各种措施没有落实；各有关部门在管理立法规划等方面，缺少严密和长期的合作；管理决策者的思想观念不适应等社会管理不到位问题。

3. 学校重视不够

没有从思想上引起足够的重视，没有将道路交通安全知识的学习纳入日常的教学计划之中。

三、预防道路交通安全事故的对策

学生道路交通安全事故，特别是中小学生交通安全已成为一个主要问题。预防和减少中小学生交通事故的发生，从根本上来说就是要提高全体中小学生交通安全意识水平，解决好这一个问题，不仅对当前交通事故的预防有着极大的促进作用，对未来我国道路交通管理也有着重大的意义。

（一）加强学生教育

1. 加强教育，提高学生预防和应对交通事故的能力

用多种方式开展交通安全教育。请当地交管部门的人员结合本地区的交通事故实例，对学生开展交通法规和交通安全知识教育，使学生知法、懂法和守

法。学校可通过举办交通安全展览、“安全出行”主题班会或团队活动，让学生了解交通法规和可能存在的交通安全隐患，知道发生交通安全事故的规律，提高防范意识，科学预防，减少事故的发生。

2. 请家长和学校共同做好学生的交通安全教育工作

学校要通过家长会，向家长宣传交通法规和交通安全知识，提高家长做好学生安全工作的紧迫感。让家长提醒学生在上下学路上注意交通安全，不在马路上追逐打闹，不斜穿马路，不在高速公路上行走，要有意避让车辆等。

3. 学生应了解和掌握不同的交通方式

采用不同交通方式注意的事项，见表4－1。

表4－1　采用不同交通方式时应注意的事项

交通方式	注意事项
步行	(1)步行时应当在人行道内行走，没有人行道时靠道路右边行走 (2)通过路口或横过道路，应当走人行横道或过街设施 (3)通过有交通信号灯的人行横道，应当按照交通信号灯指示通行 (4)通过没有交通信号灯的人行横道的路口，或在没有过街设施的路段横过道路时，应当在确认安全后迅速直行通过 (5)不得在车辆临近时，突然加速横穿道路或中途倒退、折返
乘车	(1)不在机动车道上拦截机动车 (2)在车站候车时应自觉排队，公交车进站还未停稳时，不要着急拥向车门 (3)车门打开后要按先下后上顺序上下车，自觉礼让老人、儿童与残障人员 (4)上车后要扶好或坐好，乘车的过程中不把身体的任何部位伸到车窗外 (5)所乘车辆发生交通事故时，要听从司机或售票人员的指挥 (6)乘坐家用轿车或打车时，不要从机动车道一侧上下车 (7)所乘座位有安全带时，要系好安全带
骑车	(1)骑车要走非机动车道，无非机动车道时，要靠右行驶 (2)骑车过程中，不得多人并行或在行驶过程中交谈 (3)行驶途中左拐弯时，要打手势向后面行驶车辆示意，禁止强行猛拐 (4)设有左拐指示灯的路口，左拐指示灯(绿灯)亮时，才能左拐

续表

交通方式	注意事项
	(5)无人行横道的路段,横穿道路时,要主动避让机动车,禁止与机动车抢行 (6)通过无人看守的铁道路口时,要确认安全后再通过 (7)不逆行,不闯红灯;当不得不逆行时,可靠边行驶;车辆较多时,应推车行走 (8)禁止骑车走机动车道,不在人行道上骑车 (9)不骑车闸、车铃失灵的车辆出行,途中车闸失灵时,要推车行走 (10)骑车时不得双手离把、攀扶其他车辆、手中持物或使用手机 (11)超车时在不妨碍被超车辆正常行驶的前提下,从左侧超越,不能S形行驶 (12)骑车时,如遇到正在执行紧急任务的特种车辆(警车、救火车、救护车、抢险车),应主动避让 (13)骑车途中,不双耳插耳机及带耳麦听音乐或广播 (14)遇暴雨、雷电、风雪等恶劣天气,不选择骑车方式出行

4. 要教育学生不坐不符合安全规定的车辆

不符合安全规定的车辆主要包括:

(1)司机酒后驾驶的车辆。

(2)非法运营或没有牌照的车辆。

(3)严重超载或超员的车辆。

(4)没有驾驶执照者驾驶的车辆。

(5)两轮摩托车、农用车、小货车等。

5. 农村学校周边是交通事故的多发区,要教育学生安全出行

教育农村学校学生安全出行是减少交通事故的重要环节,要让他们了解在上下学路上的注意事项,确保学生上下学路上的安全,具体包括:

(1)应具有安全意识,随时观察所通过的道路是否存在安全隐患。

(2)崎岖不平的山路、陡峭的山崖存在因下雨而发生道路坍塌、滚石、山体滑坡、泥石流等自然灾害引发的危险。

(3)道路位于深山峡谷、河道边时,要提防上游暴雨引发山洪爆发。

(4)冬季下雪时崎岖的山路要特别注意行走安全。

(5)雨季要关注天气预报,尽量避开在恶劣天气出行。

(6)行走的路上遇暴雨时,要选择地势较高处躲避,同时注意防止雷击。

(7)夏季走在山路上要防止被蛇咬伤,可手持木棍边走边敲打。

(8)天快黑时尽可能不走山路,以防因视线不好而摔伤。

(9)在偏僻的道路上行走时最好结伴而行,以防发生意外。

(10)在行走的过程中不要到小河中戏水或游泳,以防溺水。

(11)通过河道时最好快速通过,防止突然猛涨的河水将人冲走。

(12)不图抄近路而从冰面上通行,以防掉入冰窟。

6. 教育学生发生交通事故时逃生的方法

一是所乘车辆发生侧翻,自己被困在车内时,应采取措施逃出车外;无法从车门逃出时,可击碎车窗玻璃逃出。二是所乘车辆着火时,应设法迅速逃离所乘车辆;当车内已有大量烟气时,应用衣物捂住口鼻后,再设法逃出,以防吸入大量有毒、有害烟气而窒息;从车中逃出后,要远离事故发生地点,防止因车辆着火、爆炸而对自己造成伤害。

(二)加强学校管理

1. 学校要制定交通事故应急预案

明确当较大交通事故发生、造成群体伤亡时,学校应采取的措施和相关人员的工作职责,采取的措施要有效,要分工合作,有条不紊地做好各项工作。

2. 加强校车管理,确保学生乘车安全

凡学校自有校车或租用用于接送学生的车辆应贴有当地统一的校车标志。有校车的学校平时要加强对司机与车辆的管理,按国家的相关要求办理各种准许接送学生的手续,定期对车辆进行保养、维护、检查,使车辆状况处于良好状态。坚决不租用那些不具备相关条件的车辆接送学生。车辆发生故障时,坚决不再使用。要加强对司机的培训,提高他们对自己所担负工作的重要性的认识,增强责任感,杜绝因玩忽职守而造成的事故隐患。

3. 学校要建立安全教育制度

在开学初和节假日前,学校要建立对学生集中进行交通安全教育的制度。

4. 学校应建立"路队"制度

学生放学要根据学生的居住地组织路队,统一排队回家。在路上要排成一队靠公路右边行走,确保安全。

(三)加强交通安全宣传教育,夯实预防交通事故基础

交通安全宣传教育是预防道路交通事故的一项根本性和基础性工作。宣

传部门要结合贯彻《公民道德建设实施纲要》，把提高广大交通参与者交通守法观念和交通安全意识作为公民道德教育的一项重要内容；教育部门要将加强中小学生交通法规、交通安全教育形成制度，落实责任，切实帮助中小学生提高安全意识和自我保护能力，对学生外出活动要及时到交通部门备案；对中小学生发生有责任交通事故的，要追究有关领导的责任；努力形成以交通管理部门为主导、新闻媒体为依托、社会各界广泛参与的交通安全宣传教育网络，充分发挥报刊、电视、广播等新闻媒体作用，通过开办栏目、制作专题、播发公益广播等多种形式，营造浓厚的交通安全宣传的舆论氛围，为预防道路交通事故夯实基础。

四、道路交通安全事故的应对措施

（一）一旦发生车祸，不要惊慌失措，而应该沉着、镇定、有条不紊地做好下面几件事

1. 及时报案

在你没有受伤或伤势较轻的情况下，要立即用通信工具报告当地的公安交通管理大（中）队或附近的值勤民警，然后站在现场路边比较安全的地方等候民警来处理现场。

2. 抢救伤者

积极设法抢救车祸中的受伤人员。实行人道主义是每个公民的义务。但在抢救伤员时要用正确的止血、固定、包扎、运送等方法。做简单处理后，立即拦截过往车辆将重伤者送附近医院抢救。如不懂抢救知识，可打急救电话120，待急救中心来抢救。

3. 保护现场

协助民警做好现场保护工作，这是每个公民的义务。现场存在着大量的痕迹和物证，对于查清车祸原因和认定责任都有着重要的意义。保护现场的方法有照相、录像、标画被移动的人、车和物体。

4. 记下证人和车号

在现场将见证人记录下来转告公安交通管理的有关人员，以备事后访问。记下肇事车号是为了防止肇事者驾车逃逸，一旦逃逸，也能通过车号查出肇事者。

（二）车祸发生后如何救护

（1）出血：可以把身上的衣服撕成布片，对出血的伤口进行局部加压止血。

(2)骨折:现场可以找块小夹板、树枝等物,对患肢进行包扎固定。

(3)头部创伤:把伤者的头偏向一边,不要仰着,因为这样会引起呕吐,使胃内容留物引起呼吸道堵塞,造成伤者窒息。

(4)腹部创伤:应把内脏尽量保持在原来的部位拿一个容器扣在腹壁上,不要把内脏放入腹腔内,以免造成腹腔感染。

(5)呼吸心跳停止:这时周围人应该对伤者进行口对口的人工呼吸或进行简单的心脏按压,也许就这两下简单的动作就可以使伤者脱离危险。

(三)具体车祸情况应做具体对待

1. 行人交通事故应急要点

(1)行人与机动车发生事故后,应立即报警,并记下肇事车辆的车牌号,等候交通警察前来处理。

(2)行人被机动车严重撞伤,驾车人应立即拨打110、122报警,并拨打120求助,同时检查伤者的受伤部位,并采取初步的救护措施,如止血、包扎或固定。应注意保持伤者呼吸通畅。如果呼吸和心跳停止,应立即进行心肺复苏法抢救。

(3)行人与非机动车发生交通事故后,在不能自行协商解决的情况下,应立即报警。

(4)遇到撞人后驾车或骑车逃逸的情况,应及时追上肇事者。在受伤的情况下,应求助周围群众拦住肇事者。

(5)发生重大交通事故时,伤者很可能会脊椎骨折,这时千万不要翻动伤者。如果不能判断脊椎是否骨折,也应该按脊椎骨折处理。

2. 地铁(城铁)列车意外事故应急要点

(1)发生事故疏散撤离时,应注意服从车站工作人员的指挥,沿着指定路线有序撤离,不要拥挤冲撞。

(2)列车因停电滞于隧道时,乘客应耐心等待救援人员到来,千万不要爬车门、砸玻璃,甚至跳离车厢。救援人员将悬挂临时梯子并打开前进方向右侧的车门,引导乘客顺次下车疏散。

(3)列车运行中发现可疑物时,应迅速利用车厢内报警器报警,并远离可疑物,切勿自行处置。

(4)列车运行中遇火灾事故时,乘客应首先使用车厢两端报警器通知司机,然后取出车厢中部座椅下的灭火器扑灭初起火苗。列车司机应就近停车,尽快打开车门疏散人员。如果车门开启不了,乘客可利用身边的物品破门、破窗而出。

(5)列车运行中如遇到爆炸事故,乘客应迅速使用车厢内报警器报警,并尽可能远离爆炸事故现场。

(6)列车运行中遇到毒气袭击时,乘客应迅速使用车厢内报警器报警,并远离毒源,站在上风处,用随身携带的手帕、餐巾纸、衣服等用品捂住口鼻,遮住裸露皮肤。

(7)发生以上情况或其他紧急情况均应及时拨打110、119报警电话。

经典案例

学生在勤工俭学的路上受伤索赔案

案例描述:位于偏远山区的某小学因为教学经费紧张,每年都组织学生和老师开展勤工俭学活动。2000年,学校与当地一家橘园联系了采摘橘子的任务,由橘园给付一定的报酬。2000年10月23日,学校组织学生到10公里外的橘园摘橘子,要求高年级的学生每人至少摘150千克橘子,谁先摘够就可以先行回校。由于路远,学校没有统一安排交通工具,而是要求学生有自行车的骑车去,能带人的带一名同学,没有自行车的,由各自的家长想办法将孩子送到山上。学生许某没有自行车,便与同学合骑一辆车到了山上。在提前完成任务,并同带队老师打了招呼后,许某准备坐公共汽车回校,但在其步行至公路时,被一公共汽车撞伤,导致身上多处骨折,脾脏破裂,共花去医药费12000余元。当地交警部门认定许某在事故中承担70%的主要责任,司机承担30%的次要责任。在交警队的主持下,司机将应负的赔偿款全部支付给了许某。但许某的家长认为孩子是在学校组织的勤工俭学活动中受的伤,所以许某的医药费应当由学校来承担。而学校认为这次事故完全是由于许某与司机的过错造成的,学校没有任何责任。在协商未果的情况下,许某的家长诉至法庭,要求学校承担自己70%的医药费8400元。法院认定学校缺乏对学生的统一管理,没有尽到自己的职责,应当承担相应的责任,而许某自己也没有尽到注意义务,也应承担部分责任。最终法院判决该小学赔偿8400元医药费的80%,即6720元,原告许某自行承担20%,即1680元。

案例分析：

1. 该小学在组织未成年的学生勤工俭学，到 10 公里外的橘园摘橘子时，应当采取相应的措施以确保学生的安全，但学校在整个的活动中缺乏统一的管理，没有尽到教育、管理和保护的职责，所以应当承担相应的责任。

2. 学生许某本人在公路上不注意来往车辆，对安全缺乏重视，所以也应当承担一定的责任，因此法院做出了以上的判决。

3. 如果学生在勤工俭学的劳动中受伤，即使学校和学生都没有过错，学校也应当承担责任。这是因为学生是在为学校利益而劳动的过程中受伤的，根据"利益所在，风险所在"的原则，应当由学校承担责任。

第三节　校园火灾事故的预防与应对

火在给人类带来光明与温暖的同时，用之不当也会带来灾难。火灾是指在时间和空间失去控制的燃烧所造成的灾害。按照一次火灾事故所造成的人员伤亡、受灾户数和财物直接损失金额，火灾分为特大火灾、重大火灾和一般火灾。①特大火灾指烧死 10 人以上；重伤 20 人以上；死亡、重伤 20 人以上；受灾 50 户以上，直接经济损失 100 万元以上的火灾。②重大火灾指烧死 3 人以上；重伤 10 人以上；死亡、重伤 10 人以上；受灾 30 户以上，直接经济损失 30 万元以上的火灾。③不具备以上两项情形的火灾，为一般火灾。

电是我们生活中不可缺少的，它给我们带来光明和方便。随着生活水平的不断提高，我们生活中用电的地方越来越多，但如果不注意安全，电也会给我们带来危险和灾祸。

学校一直是消防安全管理的重点单位，特别是学生宿舍，人员密集，停留时间长，消防设施不齐全，管理困难等问题更成了学校火灾隐患较为集中的部位。一旦发生火灾事故，极易造成重大财产和人员伤亡，带来恶劣的社会影响。近年来，学生宿舍火灾时有发生。学生宿舍内使用电器现象日趋增多，隐患严重，安全管理工作难度越发加大。加强学生宿舍消防管理工作，刻不容缓。

一、校园火灾频发的原因

（一）违章用电引发火灾

据统计每年的校园火灾中，电器引发的火灾占 30% ~40%。有些学生宿舍中，电热杯、电火锅、热得快、饮水机、电脑、电视、充电台灯、各种充电器等一应俱全，由于学校监督管理不到位，大功率电器也频频使用，这就在很大程度上加大了火灾的发生频率。违章用电包括以下几种情况：①违规使用大功率电器；②私拉电源线引起电路短路；③使用劣质电器等等。

（二）在宿舍内使用明火

据相关资料显示，在宿舍内使用明火而引发火灾的比例占校园火灾的25%左右。直接使用明火的情况又分为以下三点：

1. 学生吸烟引燃可燃物

有些学生吸烟后，随手扔掉燃着的烟头，烟头的表面温度达200℃～300℃，很容易引燃附近可燃物。

2. 违规使用酒精锅或炉灶等

有的同学为图一时“口舌之快”在宿舍使用酒精锅，并不当保存酒精，一旦使用不当或无人看管，在宿舍很容易引燃周围床单衣物等可燃物，酿成火灾。

3. 点蜡烛、蚊香引燃可燃物

大多学校都有定时熄灯的制度，熄灯后有些同学习惯用蜡烛找东西或是点蜡烛学习。在晚上他人都准备入睡，而周围环境又比较昏暗的情况下，人的警惕性比较低，一时疏忽很容易引燃可燃物。夏天使用蚊香不当也是造成火灾的一大原因。

（三）学校监管不到位

校方领导对安全预防工作不够重视，把大量时间精力用于教学和学校建设方面，安全的管理比较薄弱。

（四）消防安全的宣传教育流于形式

防火教育是学校教育的盲点之一，有些学校虽然开展了消防安全学习活动，但只是流于形式，并没有得到足够的重视。防火的观念并没有深入人心。

（五）建筑物本身火灾隐患多

众多学校中建校史达几十年甚至上百年的不在少数，而这些学校中很多旧式建筑仍在使用中。这些建筑防火结构设计和使用材料大多不符合用火规范，防火间距不够。电线铺设也存在一些问题。而且学校在消防安全上的投入少，灭火器材不足，或年久已经失效，已很难满足消防安全的需要。

二、校园火灾的预防

（一）加强消防安全教育，使防火意识深入人心，从主观上“时时防火”

按照《中华人民共和国消防法》的要求，将“消防知识纳入教学培训内容”，向学生开设消防安全课程或培训，提高他们应付火灾事故和火场自救的能力，使他们知道火灾发生后如何灭火和逃生自救，如何利用安全通道疏散，如何防止窒息，使他们懂得自身的消防安全职责，懂得常用的防火巡查、火灾报警、扑救初期火灾以及引导众人和自身疏散逃生的知识，这些都是需要实践的课题，同时定期不定期地举办火灾事故和防火、灭火知识展览，教育全体师生员工树立安全责任心，时刻不忘消防安全。

（二）加强学校消防设施配备和管理

对消防器材配备不足的部分学校，要根据《中华人民共和国消防法》规定进行配备。对学校失效的灭火器进行及时更换。学校相关负责人需定期对消防设施进行检查，主要是检查设施配备是否到位，设备是否可以有效使用，设施安装是否合理，室内外消火栓要定期检查开关的灵活性，灭火器干粉如果失效要及时更换，气压不达标要及时充气，安全通道要保持畅通无异物。每次检查时要做好记录，发现问题立即解决，并定期整理存档。努力消除学校的消防安全隐患，以确保师生的生命安全。

（三）建立消防安全管理制度

1. 防火巡查制度

指派专人负责消防安全重点部位管理工作，并坚持每日进行防火巡查。对巡查的情况要做详细记录，由巡查人员及其主管人员签字。对巡查中发现的火灾隐患要及时纠正，妥善处置，当场无法解决的，要立即报告，发现初起火灾要立即报警并及时组织扑救。

2. 防火检查制度

有计划、有步骤地进行防火检查工作，重点部位的防火检查每月不少于一次，其他部位的防火检查每季度一次，年终进行全校消防检查。防火检查要认真填写检查记录，检查人员和被检查单位负责人要在记录上签名，并建立防火检查档案。对检查中发现存在的火灾隐患，能当场改正的当场改正，无法当场改正的，应书面报告有关部门，并加强防范措施，防止火灾事故的发生。学校消防安全领导小组定期组织学校有关部门对全校依法进行防火安全检查，对发现的火灾隐患及时下发隐患整改通知书，限期整改。

3. 用火安全管理制度

学校管辖范围内不得擅自动用明火，因教学、教研需要在校园、学生宿舍区、禁火区内动火的，应按规定实行严格的审批制度，办理许可证，明确动火地点、时间、范围、动火方案、防火措施、现场监护人、责任人，经审核批准后方能动火。校内各基建工地动火、用火，施工承包单位负责人应对消防安全全面负责，确保工地安全。

4. 用电安全管理制度

校内输变电设施必须严格按章管理，线路的安装、改造、维修必须由专门人员按规程作业。电工人员安装、改造、维修电器设备，必须严格按照规程操作，避免因操作失误、技术不熟练造成火灾事故的发生。严禁任何单位、个人在校内输电线路上私自乱拉、乱接电线。教学、教研用电设备要确定专人负责、按章管理，坚持人走拉闸断电。要严格学生宿舍用电管理，规定学生在宿舍用电范围。

5. 消防安全宣传教育培训制度

学校要经常开展多种形式的消防安全宣传教育工作，通过校报、板报、橱窗、校园网、主题校会、班会、讲座、演出等多种形式开展经常性的消防安全宣传教育，提高广大师生员工的消防安全知识和技能水平。消防安全重点岗位人员应当至少每年进行一次消防安全培训。新上岗员工要进行上岗前的消防安全培训。

三、建立火灾事故应急预案

（一）建立报警程序

（1）迅速组织有关人员携带消防器具赶赴现场进行扑救。

（2）根据火势如需报警立即就近用电话或手机报告消防中心（电话119），报告内容为“……发生火灾，请迅速前来扑救”，待对方放下电话后再挂机。

（3）在向学校、教育局领导汇报的同时，派出专门人员到显眼位置或主要路口等待引导消防车辆进入现场。

（二）组织实施

（1）参加人员：在消防车到来之前，以校区内消防安全员和教师成员为主进行扑救，其余人员（学生除外）均有义务参加扑救。

（2）消防车到来之后，校内人员配合消防专业人员扑救或做好辅助工作。

（3）使用器具：灭火器、水桶、脸盆、铁锹、水浸的棉被等。

（4）学校各级领导和教师要迅速组织人员逃生，原则是“先救人，后救物”；或用扩音器宣传自救办法和安慰被困人员。

（5）无关人员要远离火场和校区内的固定消防栓，以便于工作，便于消防车辆驶入或操作。

（三）扑救方法

（1）扑救固体物品火灾，如木制品、棉织品等，可使用各类灭火器具。

（2）扑救液体物品火灾，如汽油、柴油、食用油等，只能使用灭火器、沙土、浸湿的棉被等，绝对不能用水扑救。

（四）注意事项

（1）火灾事故首要的一条是保护人员安全，扑救要在确保人员不受伤害的前提下进行。

（2）火灾第一发现人应查明原因，如是电源引起，应立即切断电源。

（3）火灾后应掌握的原则是边救火，边报警。

（4）不得组织学生参加灭火。

（5）发生火灾事故时，在向 119 消防指挥中心报警后，立即报告教育局和当地乡镇人民政府。

（6）抢险救灾组等人员迅速疏散师生，撤离到安全区域。

（7）积极配合消防人员灭火。

（8）在进行灭火的同时，应采取有效的隔离措施，防止火势蔓延。

经典案例

校长违规安排学生住宿发生火灾案

案例描述：余某于 1993 年 8 月 4 日起任某小学校长，2002 年 4 月至 2002 年 6 月 9 日，余某违反当地“不准小学生上晚自习”的规定，组织小学生上晚自习，并在明知该校一座楼房系危房的情况下，仍然组织该校部分小学生在该楼内住宿，学生住宿后，没有安排专人对住宿学生进行管理，也没有制定具体的管理制度,所采取的管理措施不足以防止危险的发生,致使该校2002年6月9日夜晚发生火灾,酿成胡某等8名小学生被火烧致死的严重后果。

人民法院审理后认为:被告人余某身为该校的校长,违反规定组织小学生上晚自习,在无寄宿条件的情况下,让部分小学生住校,虽有一定的管理措施,但对住校生无专人管理,无明文管理规定,致8名学生在火灾中丧生,被告人余某的行为是一种严重的失职行为,其行为构成国有公司、企业、事业单位人员失职罪。遂一审判决:被告人余某犯国有公司、企业、事业单位人员失职罪,判处有期徒刑二年,缓刑二年。

案例分析:法院判决被告人余某承担刑事责任的原因是其违反规定,未正确履行职责而导致危害后果。余某作为学校的负责人,因为对工作的严重不负责任,导致了国家和学生个人利益的重大损失,其行为符合国有公司、企业、事业单位人员失职罪的构成要件,因此作出以上判决。另外,法院考虑到余某组织安排小学生上晚自习、住宿,主观愿望是善意的,违规没有主观上的恶意,且从事教育工作三十余年,为当地教育事业曾作出过贡献,并对该案所产生的严重后果感到悲痛,具有悔罪的表现,对其从轻进行了处罚。

第四节　学校公用设施事故的预防与应对

一、学校公用设施的内涵

学校公用设施包括教学楼、食堂、公共厕所、体育场及场内设施、游泳馆、医务室、宿舍等。

二、学校公用设施事故的原因

对学校公用设施使用不当,在很大程度上可能造成学校公用设施事故,具体如下:

(1)学校使用的教育教学和生活设施、设备不符合国家的安全标准。

(2)学校的场地、房屋和设备等维护管理不当。

(3)学校组织教育教学活动未采取必要的安全防护措施或未进行必要的安全教育。

(4)实施操作不当。

三、学校公用设施事故的预防

学校公用设施的管理和使用不当,都可能造成安全事故,所以学校要采取针对性的预防措施,以保障校园安全。

(一)加强安全教育工作

(1)运用各种形式,加强对学生进行行为规范教育、安全教育,增强学生的自我保护意识。

(2)加强对教师进行师德规范教育,增强责任意识和法制意识。

(3)加强对学校教育、教学和生活设施、设备以及场地、房屋和设备的安全检查,发现隐患要立即整改。

(4)明确教育对象:学校安全教育以学生为主,同时对教职员工开展教育。

(5)明确学校安全教育包括的主要内容:消防安全教育;饮食卫生安全教育;用电用气安全教育;实验、实习及社会实践安全教育;劳动及日常生活安全教育等等。

(二)加强安全制度建设和检查工作

1. 建立学校安全工作责任制度

学校内部应层层建立安全责任制度。

2. 配备专职保卫人员,负责学校日常安全保卫工作

居于交通要道、闹市区或社会治安环境较差、规模较大的学校,要积极同公安、交警部门取得联系,争取在学生上学、放学时,派警员在校门口疏导和排除干扰,保证学生出入安全。

3. 强化教育教学过程安全管理

学校应对教育教学工作的各个环节提出安全要求,尤其要加强实验室用电、用火、用水以及药品使用的管理,并对校内安全防范重点环节和重点区域加强管理。

4. 建立学校安全工作检查制度

学校应在每月第一个星期进行全面安全检查,特别在节假日应加强重点防范,杜绝事故发生。做好工作记录或检查记录。

5. 高效落实安全隐患整改工作

学校对教育主管、公安、消防等职能部门在安全督查中发现的不安全隐

患，应及时整改，对学校无力解决的问题应及时书面报告教育局，请示协助解决。

6. 建立学校安全工作考核制度

安全工作应列入学校内部管理、评估的重要内容。实行安全工作“一票否决制”，凡发生重大安全责任事故的学校，一律取消当年评优评先资格。

（三）加强校内设施安全管理

1. 增设必备安全设施

校园内的活动平台、二层建筑及物体和楼房窗户应加护栏、警示牌，加强对悬挂物、高处堆放物的管理。

2. 定期进行校舍勘验检查

发现险情（危房、危楼、危墙、危厕等）应果断采取应急措施，立即报告教育局，并协调、督促，以求尽快解决。

3. 定期检修消防设施、加强用电安全检查

消除漏电或线路老化等隐患。配齐配足消防器材，保持安全疏散通道畅通，保证灭火器械功能有效，有关管理人员必须熟悉使用灭火器等消防设施。设置人员疏散指示标志，开展夜间活动（包括上晚自习等）应有完好的照明设施和停电应急措施，确保紧急情况下师生能安全撤离和疏散。

4. 加强防火灾、防爆炸工作

严禁学生参加燃放烟花爆竹类活动，严禁在校（园）内焚烧纸张、垃圾。

5. 加强实验室易燃、易爆、放射、剧毒等危险化学品的管理

使用人员必须经过安全培训，熟知其安全防范、救治措施，并严格按照技术规范要求开展实验。除教学正常使用的少量化学试剂外，各种危险化学品应存放在危险品库或专用危险品橱柜内，实行双人双锁管理。

6. 加强校园计算机网络管理

防止反动、色情、暴力等不健康的内容影响学生。

（四）加强健康与卫生安全管理

1. 严格教育教学设施的配备、使用、检修管理

学校体育器械等教育教学设施应严格按照安全和卫生标准配备，新器械和设备投入使用前，教师要先对其进行性能测试，完全合格方可投入使用，并定期进行检修。

2. 加强常规体育活动的管理

学校应加强对早操、课间操、体育课教学等校内活动的组织工作以及运动技术要领、准备、整理活动等方面的指导与安全保护,防止发生意外伤害事故。

3. 加强学生食品卫生安全管理

学校应认真执行《食品卫生法》等法律法规,为师生提供符合卫生标准的饮用水和健康食品,杜绝过期、变质、有害、有毒及污染的食品进入校园;食堂工作人员应经卫生防疫部门批准,实行持证上岗制度,并定期进行体检。严防食物中毒和传染病的发生。对师生午餐应按要求保留餐样,特别要加强春秋两季传染病高发期的食品卫生管理,教育学生不到校园周边卫生状况较差的饮食店就餐。

(五)加强校园环境的管理

1. 严格宿舍管理

住校教师、学生宿舍要有专门机构或人员进行管理,学生宿舍的值班、会客、携带物、安全等要有明确的规章,教师、学生宿舍一律不得留宿他人。非寄宿制学校,严禁招收住校生。教师不得将异性学生单独留在宿舍进行谈话、辅导或帮助料理其他事务。

2. 加强财务管理和固定资产管理

对重点部门和要害部位,学校应落实人防、物防和技防措施,有条件的学校应配备技术先进、质量可靠的监控设备,防止因管理不善发生失火、失窃等事故。

3. 净化周边治安环境

与公安、综合治理等行政执法部门密切配合,加强学校周边治安环境治理,为学生健康成长创造良好的环境。

经典案例

学生在厕所被砸致死

案例描述:2004 年 11 月 25 日 13 时 55 分左右,宾阳县某小学敲响上课预备铃后,八岁的一年级学生潘某跑去上厕所。当大部分学生进教室后,一个学生告诉老师,说是自己从厕所跑回教室途中听到厕所里有砖块掉下的响声,当时还有潘某在厕所里面。

当老师赶到事发现场时发现，男厕前面挡墙入口处上部砖块已掉落，而头部流血的潘某倒在男厕内，身体旁边还有几块砖头。后来，潘某经抢救无效死亡。事故发生后，校方和死者亲属都认为潘某是在厕所里被墙砖砸中死亡，属于意外。学校给予死者亲属600元丧葬费、1500元死亡补偿费，并到保险公司办理理赔金5000元交给原告。然而，死者亲属认为，学校还应承担相应的赔偿责任，遂诉至法院。

法院经审理认为，潘某出事的厕所是师生唯一使用的厕所，应认定为该校附属设施，因此学校对该厕所负有管理维护责任。依照《中华人民共和国民法通则》相关规定，因学校没有证据证明其没有过错，故学校对潘某的死亡负有不可推卸的全部民事责任，判决学校承担全部民事责任，赔偿死者家属死亡赔偿金、丧葬费、误工费共计42774.4元。

案例分析：在本案中，学生潘某死亡的原因是被厕所坠落的砖块砸中，而厕所作为学校的建筑设施之一，学校有保障其安全使用的义务。学生在厕所被砸致死，说明学校在建筑物维护上存在明显过失，所以学校要承担事故的全部责任。

在学校建筑物安全维护中，学校应当注意以下几点：

1. 加强对校内建筑设施安全隐患治理

各级各类学校对存在安全隐患的校舍等建筑，要立即停止使用，并由有相应资质的单位进行质量安全鉴定，根据鉴定结果制定加固方案，限期完成改造。对学校重点部位和设施，要采取多种形式进行安全改造，确保安全达标。对易发生危险的校内水井、水池、楼梯等，要设置警示标志或者采取加盖、加装防护栏等措施。重点加固学校围墙尤其是毗邻公路的学校围墙，改建学校厕所，更新校舍老化电路，完善消防设施设备，增设逃生通道，防患于未然。不得将学校场地出租用于从事易燃、易爆、有毒、有害等危险品的生产、经营活动，不得将校园内场地开放用于停放社会机动车辆。

2. 加强对学校及周边企业安全隐患治理的督促检查

对排查出的学校周边安全隐患，安全监管部门要会同相关部门立即督促企业整改治理，通过下达整改指令、现场监督整改、严格整改验收等措施，确保整改效果。住房城乡建设等部门要加强对建筑工程施工工地安全隐患治理的监督检查，对整改治理中不能保证安全的，要采取暂时停工停产措施；安全隐患严重的，一律责令停产停工，整改不合格，不得复产复工；对非法违规建设项目，要坚决予以取缔。安全监管等部门要加强对生产经营有毒有害物品和危险化学品企业的监督,指导监督企业采取有效地措施,防止危及师生安全;不能保证安全的,要限期搬迁。各类隐患的排查治理、整改验收等工作,要充分听取当地教育部门和附近学校的意见,当地教育部门要积极参与相关工作。

3. 有关生产经营单位要加大隐患治理力度

学校及周边各类生产经营单位,要切实履行安全生产主体责任,按照保障在校师生安全的要求,提高隐患治理标准,强化作业现场安全管理,有效落实安全防范措施。开展工程建设等活动,应事先向附近学校通报,并告知有关安全防范知识。要主动根据学校师生活动范围等实际,合理设置警示标志、绕行指示标志等,引导师生避让危险。有关企业在附近学校师生上下班(课)、举办活动等时段,以及建筑施工活动不能保证学生(幼儿)在校期间安全的,要停止有关生产活动。学校也要根据建筑工程的安全情况,采取暂时调整课时等必要的防范措施。

第五节　学校运动伤害事故的预防与应对

一、学校运动伤害事故的内涵

学校运动伤害事故是指在学校组织的各种校内外体育活动、体育竞赛、课余体育训练和体育课教学中造成在校学生人身伤害或者死亡,以及对他人造成人身伤害或者死亡的事故。伤害可以分为人身伤害和精神伤害。人身伤害是指直接对身体造成有损害后果的创伤,造成的后果有明显征兆,或通过普通医学手段的身体检查能够做出鉴定,对造成的原因能够做出准确判断。而精神伤害则是指给被害人造成的思想、情绪、精神痛苦而引发的被伤害人的精神疾病。由于引起精神伤害的原因十分复杂,是否引发精神疾病又与人的个体差异有较大关系,而且引发精神疾病一般具有渐变的过程,难以客观准确界定造成伤害的直接外因,所以学校运动伤害事故一般是指人身伤害。

二、学校运动伤害事故发生的特点

(一)频发性及不可避免性

由于体育运动总是在不停地超越自我,处于对抗、竞争中,经常发生大量的身体接触,难免会发生小到皮肤擦伤、韧带拉伤,大到在运动中导致伤残或突然死亡。

（二）潜隐性

影响学校运动伤害事故的因素有显性因素和隐形因素，显性因素是显而易见的，是一些客观存在的实体，能够被人们很好地认识，也较好控制，比如人的某些行为、场地器材的规格、数量、种类等。而隐性因素是潜隐的，没有客观的实体，人们只能靠一些表象来判断其可能的状态，以此来寻找控制的办法，比如人的认识、情感、意志、课堂气氛、学校环境等。但是由于人们认识水平的限制，对表象的判断不一定正确，造成人们对事物错误的判断。

（三）多样性

调查发现，造成学生运动伤害事故的体育项目和活动的内容也是多种多样，不仅有人们所知的容易造成学生运动伤害事故的足球、篮球等对抗性较强的运动，也有慢跑、游泳等非对抗性运动。

（四）复杂性

体育伤害事故的发生多数是出于当事人包括学校、体育教师、学生或其他非学校人员的疏忽大意、过失、渎职等原因。

三、学校运动伤害事故的原因

（一）学校

学校是学生接受教育的专门机构，学校除应依法开展教育教学活动外，在教育教学活动中学校有依法保护学生人身安全的义务和职责。保护学生安全，是学校开展正常教育教学活动的前提和基础，也是学校必须履行的法律义务。下列原因造成的学生体育伤害事故属于学校责任事故：①学校有关人员玩忽职守，致使学校体育设施倒塌；②学校体育设施陈旧老化或放置的位置不当；③学生有特异体质或者特定疾病，不宜参加体育教学活动，学校知道或者应当知道，但未予以必要注意的；④学校违反有关规定组织或者安排未成年学生参加不宜未成年人参加的体育运动的。

（二）学生

有些事故是由于受伤害者自身所造成的，主要表现为：①不遵守课堂纪律，不听从教师的指挥，擅自行动或和同学打闹，学习纪律松散；②身体素质太差或存有生理缺陷而未告知教师，不能适应正常的体育教学；③技术动作不正确或未按教学要求从事超出自己运动水平的练习等；④保护与自我保护不到位、不彻底。

（三）教师

教师责任事故是指由于教师的原因造成的学生体育运动伤害事故，即事故的发生与教师有着直接的因果关系。发生这类事故，教师应当承担主要或全部责任。下列原因造成的学生体育伤害事故属于教师责任事故：①体育教师体罚、变相体罚学生或者辱骂学生；②在履行职责过程中擅自离开工作岗位，违反职业道德或者其他相关规定的；③在体育课或学校组织的体育活动中，没有进行安全保护，教学中违反教学规范等而造成的学生伤害事故属于教师伤害事故。

（四）多种原因

体育运动伤害事故的发生往往不是单方面的原因造成的，而是多种原因复合而成的。体育伤害事故的发生多数是出于当事人包括学校、体育教师、学生或其他非学校人员的疏忽大意、过失、渎职，很少是出自故意伤害的意图。例如，在体操课跳山羊的教学中，学生跳过山羊后手扶地导致骨折，追查这件运动伤害事故的原因可能存在着：学生技术动作不熟练；教师没有做好保护；学生有恐惧心理；山羊破旧损坏；场地湿滑等，这些原因都可能导致事故的发生。

四、运动伤害事故的预防措施

（一）学校责任事故预防措施

通过对学校责任事故原因分析，结合专家意见，此类事故的预防措施主要有以下几个方面：

1. 场地设施、器材的维护与增加

（1）定期检查，及时维修。学校应对校内体育场地设施、器材进行定期检查，对已损坏的设施、器材立即维修或更换，把单双杠、沙坑、踏跳板列为重点检查项目，同时建立体育设施维护与保养制度，责任到人，定期检查和维修。

（2）体育场馆内部存在危险的设施、物品、位置等应给予警示。

（3）适当增加场地器材的面积和数量，让学生有足够的场地器材使用，创造良好的体育环境，调动学生参加体育活动的积极性。

2. 健全卫生保健制度

（1）建立健全学生健康档案。个人健康档案中的数据资料，便于体育教师、医务人员或本人根据个人的年龄、性别、体质状况安排体育教学、训练、锻炼内容,采取合理的教学方法,制订运动处方和科学健身计划,同时避免一些学生因特异体质造成的体育运动伤害事故的发生。

(2)定期对学生进行健康检查,谨防运动猝死的发生。检查的重点应当是心血管系统。导致猝死的最常见的原因有心脏病、脑血管意外、急性肝坏死等疾病。除上述与心血管疾病有关的患者不适宜运动外,患肺炎、肝功能衰竭、肾功能衰竭、消化道出血、传染病以及急性热性病和精神病人,在疾病未获痊愈时,不宜进行体育锻炼。所以学校要定期做好对学生的健康检查,一经发现有上述症状的学生要禁止其参加体育运动或责令其休学治病。

(3)对不宜参加体育活动的同学进行定期复查,做好医务监督。对于这类学生,学校要加强保护,做好这部分学生的安全教育,让其明白进行体育运动的严重后果,一经发现其参加体育运动就要勒令其停止运动,并劝回宿舍休息。

3. 加强学校安全管理

(1)加强师生的安全教育。学校应认真贯彻"预防为主,教育先行"的方针,高度重视和切实做好学生安全教育工作,教育中应以预防伤害事故为主要内容。同时,要加大对体育运动伤害事故发生的防范的教育力度,学校可以利用电视、广播、报刊、专题讲座,加大体育运动损伤宣传力度,警钟长鸣,防患于未然,将体育运动伤害事故扼杀在萌芽状态。

(2)构建保护救助专业人员体系。首先依据有关规定,对学生进行体育活动的体育场馆,场所配备数量足够的、合格的安全保障人员,如医护人员、救生值班人员等。同时,还应根据其活动场所的项目特点,在相关岗位配备专业工作人员,以避免事故的发生和及时对事故进行紧急处理。

(3)建立健全学校体育安全工作责任制度。为确保学生的体育安全工作落到实处,学校应建立健全以分管校长为首的分级负责的体育安全管理保证体系,使体育安全管理责任明确、协调配合、齐抓共管。

(二)学生责任事故预防措施

1. 增强学生运动伤害事故的防范意识

一定要让所有的学生都认识到,在大部分体育活动中,都有伤害风险的存在,从思想源头上进行预防,提高安全意识,提醒学生不能麻痹大意。体育教师在每次课上向学生讲解安全注意事项,检查并制止学生佩戴手表、项链、钥匙等物品。

2. 明确"患有特异体质疾病学生禁止参加体育活动"的严重性

在开学之初，让有疾病的学生进行登记，对这部分学生进行体育康复的锻炼或遵照医嘱，轻微锻炼或不锻炼，讲明"患有特异体质疾病学生禁止参加体育活动"的严重性，从而降低运动伤害事故发生的风险。

3. 科学进行体育锻炼

(1)运动时要戴好护具，避免穿戴易伤他人或自己的饰物。

(2)适当的运动量和强度。在体育活动时，运动量和强度是因人而异的，在平常锻炼中要合理安排运动量，凭自己的身体感觉来进行调节，使自己始终维持在"有点累"的感觉上。

(3)进行体育活动前要做好准备活动。准备活动可以使其机体迅速进入工作状态，防止因身体的惰性而造成肌肉拉伤、扭伤等意外损伤。在教学中体育教师应当根据不同的项目、季节和气候因素合理地安排准备活动的内容和运动量，准备活动不足是导致产生伤害事故的重要原因之一。

(4)体育活动中应正确合理运用技术动作和自我保护动作。

(5)要全面发展学生的身体素质。通过合理的教学安排和计划，发展学生的速度、力量、耐力、灵敏、柔韧、协调能力，全面提高他们的身体素质，抵御运动伤害事故的发生，同时养成良好的锻炼习惯，也为终身锻炼打下基础。

4. 开展校规校纪教育，增强学生的纪律观念

从目前学生体育安全事故的产生来看，表面上往往都有一定的偶然性，但偶然中隐藏必然。因此，对学生进行体育安全教育，必须建立和完善学校体育中教学、组织、管理等各方面的规章制度，把法律和道德规范具体化。

5. 加强心理健康教育

学生正处于生理的发育时期，心理也尚未成熟，他们思想和行为的波动性比较突出。因此，对学生进行体育安全教育应加强心理学知识，让学生了解更多的心理卫生知识，开设心理咨询服务，给学生建议、鼓励、诱导，帮助学生正确认识和对待社会、学校、家庭以及自身学习、工作和人际关系中的种种矛盾与问题，缓解其焦虑、排遣其苦闷，化解其矛盾，恢复心理平衡，矫正不良行为，提高他们正确认识和调节自我以及应付各种事件的能力，把事故消除在萌芽状态。

(三)教师责任事故预防措施

针对体育课中学生发生体育运动伤害事故的原因，体育教师应从以下三个

方面做好预防工作：

1. 教学内容、方法、组织管理要科学合理

教学内容设计要合理，要针对学生的生理、心理等特点选择教学内容；制订合理的学年学期教学工作计划；要采取合理的教学方法，科学地安排练习顺序；还要充分地了解和掌握教材的重点、难点，以及容易发生伤害事故的环节，做好预防准备工作。

2. 课前要仔细地检查场地器材

学校应提高安全设施管理者的警惕性与责任心，定期检查学校的各种设施的安全情况，对学生经常聚集区的公共设施进行检查。在学校的职权范围内，对发现的问题及时进行解决，对确实不能使用的体育器材和设施，应主动地与学校有关部门取得联系，做到及时更换。

3. 做好易伤体育教学内容的安全防范工作，做好准备活动

由于足球、篮球和器械体操是比较容易发生伤害事故的体育教学和体育活动内容，因而体育教师对这些活动内容要尤为重视。

经典案例

教学内容超过学生的正常承受能力导致的学生伤害

案例描述：某小学四年级体育课上，教师在 32 米的距离内用板凳设置四道障碍，要求学生越障碍往返跑。练习中，学生高某在越障碍时被板凳绊倒摔伤，被送往医院治疗。该学生家长与学校协商未果，向法院提起诉讼。经法院审理查明，该体育课教学内容设置违反了国家教委《全日制小学体育教学大纲》的规定，其强度和难度均超过了四年级学生的承受能力。所以法院判决学校支付医药费、护理费、交通费等费用。

案例分析：这起事故属于教学内容超过学生的正常承受能力而导致的体育课伤害事故。即体育课的教学内容、难度、强度等明显超过了学生的正常身体承受能力，而导致的学生伤害事故。本案中，学校的过错主要表现为体育课的教学内容违反了教学大纲的有关规定，其强度和难度明显超过了四年级小学生的身体承受能力，而这样的教学很容易会造成学生伤害的后果。因此，在这起事故中，法院据此判决学校承担相应的过错责任。

第六节　溺水事故的预防与应对

一、溺水事故的内涵

溺水是人们在游泳或失足落水时发生的意外伤害。它在儿童青少年意外死亡构成比中占40%左右，是儿童青少年意外死亡中最主要的原因之一。溺水多发生在小学高年级和初中学生中，他们往往缺乏安全观念和有关知识，常背着家长、老师去非开放水域嬉水或游泳。由于不了解水情或体力不足，或缺乏游泳技能而发生溺水。有的学生平时患有心脏病或其他疾病，游泳时旧病复发而致溺水。溺水的发生率农村高于城市，河流、水库、渔塘密布的地方和沿海地区发生率较高。

二、溺水事故的原因

（一）自我保护能力较差

中小学生尤其是小学生的安全意识差，没有意识到擅自到危险场所玩水、游泳潜在的危险。中小学生几乎没有学会游泳，有的会游泳也只是会一点点，没有达到自我救护的水平。

（二）学生单独到江河、湖泊游泳

学生放暑假期间无纪律约束，自行到江河、鱼塘、湖泊、海水中游泳或学游泳。由于经验不足，环境不熟，技能有限，又常常在水中嬉戏，有时盲目冒险，很容易发生意外。况且在发生意外时，中小学生自救或互救能力及经验都不足，往往导致死亡。

（三）忽视准备活动

在游泳之前一定要做好充分的热身活动，包括头、颈、双肩、腰部、腿部、手脚等关节。下水前，如果没有进行必要的准备活动，下水后受冷水的刺激而引起肢体肌肉抽搐、失控而下沉，会发生意想不到的危险，令人忧虑的是，许多人忽视准备活动，进而成为溺水的主要原因之一。

三、溺水事故的预防

对溺水事故，学校不应消极预防，而应积极应对。最好的预防是教会学生

游泳,学会在突发事件发生时自救、自护。为此,学校一要加强管理;二要加强教育;三要采取必要措施,科学预防溺水事故发生。

(一)加强管理

(1)学校要制定《溺水事故应急预案》,明确相关人员责任和分工。当事故发生时,能够迅速、果断处置。

(2)学校要与当地政府和社区一起积极创造条件,在学校周边不适于游泳的水域插上警示木牌,提醒学生不得下水。

(3)农村地区特别是山区,夏季暴雨季节易发生学生在上下学的路上被洪水围困或冲走的事故,学生家长与教师要了解学生所经过的道路存在哪些隐患,并采取有效的措施,防止学生不慎落水或被水冲走。

(4)加强学校与附近水域地区居民的联系,发放学校事故警报联系卡给居民,便于居民一旦发现异常情况马上告知学校。农村学校可以通过发放“告家长信”,在池塘边、江边等设警示性标志,实行学生放学“路队”制,聘请游泳安全巡视员或义务监督管理员,预防学生发生溺水事故。

(二)加强教育

(1)学校可根据当地的季节变化,及时对学生进行防溺水教育。初夏与暑假前是防溺水教育的重点时间段,雨季教育重点是预防学生被洪水冲走,初冬与早春应提醒学生预防落入冰窟而溺水。

(2)学校要教育学生不得在没有成人带领的情况下私自游泳。更不许在上下学路上和节假日私自或结伴到非游泳水域(如水库、池塘、湖泊、河流、水坑等)游泳。下水前要做充分准备活动,游泳时,根据自己的体力和能力量力而行。饥饿和疲劳时,不宜下水。

(3)学校要通过学生家长会,向家长宣讲防溺水的知识,请家长与学校配合,共同做好学生工作。

(三)要教会学生游泳和自救

(1)教师在指导学生学习游泳时,除让学生通过大量的练习,熟练掌握游泳的基本技能外,还要训练学生在出现溺水的迹象时(如被水草缠住或腿抽筋),如何自救。

(2)在正规游泳池和进行游泳训练的场所,要教育学生不得打闹,不得在水下拽腿，以防呛水。在不了解水域深浅的地方不练习跳水，以免造成危险和伤害。

(3)教师要教育学生，在水中发现有危险时，要沉着冷静，不要紧张，因紧张会使身体的密度加大，更容易迅速沉入水中；也不要乱扑腾，尽可能使鼻子露出水面呼吸，呼气要浅，吸气要深。因为深吸气时，人体密度减小，可浮出水面。

(4)中小学生属于未成年人，救助他人的能力有限。要教育学生，发现有人溺水时，不能贸然救助，防止在救助他人时自己溺水身亡。在这种情况下，要向四周大声呼救，请周围的成年人救助溺水者。当周围没有人时，可跑到距事发地点最近的村庄去求救。现场可用投木板、救生圈、长杆、绳子等方式，让落水者攀扶上岸。

四、溺水事故的应对

(一)抢救措施

1. 现场抢救

当发现溺水者，应该积极进行抢救。不会游泳的救护人员，可用竹竿、绳索或木板等物抛给溺水者抓住，再拖其靠岸，并呼唤他人前来抢救，不容稍有耽误。会游泳的救护人员，应当迅速从溺水者的后面抓住其头部或腋窝，采取仰泳姿势，将溺水者救出水面。

2. 控水方法

将溺水者救上岸后，迅速清除其口、鼻内的污泥、杂草及分泌物，如有活动假牙应取出，以免坠入气管。解开衣扣、腰带后，利用头低、脚高的体位，将溺水者呼吸道和胃里的水压出。年幼儿童溺水时，可倒提其双足，或将溺水者腹部扛在救护人员的肩上，头部向后自然垂下，救护者抱住溺水者的双腿，快步走动，使腹部积水倒出。溺水时间短，溺水量少的溺水者经过控水后，情况会迅速好转；但有的溺水者控水后效果不明显，就不必再多花时间，应立即采取其他急救措施。

3. 人工呼吸和心脏挤压

人工呼吸多采用口对口吹气法。抢救时先把病人移到空气流通的地方，松开衣扣、腰带，清除病人口中的痰液、血块、泥土和假牙等，将病人仰卧在木板上，头下垫一软枕使其头尽量后仰，救护者跪在病人的一侧，用手帕或纱布盖住溺水者的口鼻，进行人工呼吸。人工呼吸要均匀而有节奏，吹气次数每分钟16～18次。做口对口吹气的同时要做胸外心脏挤压，做一次口对口吹气挤压心脏4～5次。挤压心脏力量之大小，要依溺水者健康与发育情况而定。用力过猛或挤压范围过大时，都容易引起肋骨骨折。需待溺水者呼吸恢复正常后才能停止人工呼吸。呼吸恢复后应仔细观察呼吸是否再停止，如果呼吸再度停止，应再施行人工呼吸。只有证明患者确实已经死亡，才可放弃人工呼吸。

4. 注射强心剂

如心跳已停止，可用1‰肾上腺素0.5～1.0毫升作心脏内注射，并酌情重复使用。还可肌注中枢兴奋剂（尼可刹米、咖啡因等）。针刺合谷、人中、内关、太冲、丰隆等穴，兴奋呼吸中枢，对于恢复呼吸有一定作用。

（二）建立溺水应急预案

1. 启动应急预案

当得知学生发生溺水的消息后，立即启动《溺水事故应急预案》。学校要立刻拨打电话110和120请求警务人员和医务人员迅速赶到现场救助。同时，学校领导要迅速赶到现场。

（1）快速了解落水的准确地点与基本情况。

（2）在迅速组织营救或拨打求助电话的同时，向上级报告。

（3）如事发时间属于学生在校时段，应迅速与家长取得联系。

2. 组织抢救和治疗

（1）迅速组织现场救助工作，组织有经验的成年人抢救落水者。

（2）当把溺水者打捞上岸后，应先清除其口腔、鼻孔里的淤泥，清空肚子里的积水，再进行抢救。对心跳、呼吸停止者，应及时进行心肺复苏术，尽快使其恢复正常的心跳与呼吸。进行初步的现场救助后，应快速将溺水者送到医院进行进一步的救治。

3. 需要注意的三点

（1）要与有关部门配合，迅速抢救。

（2）要报告上级有关部门。

（3）要做好溺水死亡者家长的工作。

经典案例

小学生逃学溺水死亡案

案例描述:2000 年 9 月 18 日,某小学三年级学生牛某因为在上课时没有完成作业,被任课老师赶出教室,并被要求在教室外罚站。期间,牛某偷偷溜出校外,与同村智障孩子孙某一起,进入某学院玩耍。两人在学院内一湖边嬉戏时,孙某不慎失足掉进湖里。因四周无人抢救,牛某奋不顾身下湖救人。几分钟后,学院的学生闻讯赶到湖边,救起孙某,但牛某却溺水身亡。事发后,学院一次性给予牛某的父母 5000 元经济补偿,牛某所在的小学和获救的男孩孙某的家长则未作任何表示。无奈之下,牛某的父母将学院、小学、获救男童孙某推上被告席,以小学对牛某监护不利、学院对校内湖泊疏于管理、孙某是牛某救助行为的受益人为由,提出索赔要求。法院经审理认为,牛某所在的小学应承担过错责任;某学院对牛某的死亡并无过错,事发后自愿补偿 5000 元,符合法律所推崇的善良社会风俗;牛某为救孙某而溺水身亡,孙某作为受益人应承担补偿责任,但根据法律规定,在牛某所在小学具有赔偿能力的情况下,孙某不需要补偿。遂判决牛某所在小学赔偿牛某的父母经济损失 13000 余元,驳回原告的其他诉讼请求。

案例分析:

(1)教师因为牛某没有完成作业就将其赶出教室,这种简单粗暴的做法明显不当。在教师将牛某赶出教室后,应当预见到作为小学生的牛某在无人看管的情况下容易发生意外。然而,任课教师将牛某逐出教室后,对其放任不管,未采取合理的看护措施,教师的行为明显失职。

(2)学校的门卫在正常上课期间没有严格履行职责,使牛某擅自跑出校门,因此也具有一定的过错。

(3)某学院在本案中没有过错,因为该学院的人工湖周围设有围栏和警示牌,足以使一般人注意并保护安全。在事故发生后,该学院积极组织抢救,对事故的处理是及时、恰当的,所以没有过错。该学院给予牛某家长的 5000 元是基于人道主义的,所以法院给予了肯定。

(4)被牛某救起的孙某在事故中属于受益人,根据最高人民法院关于贯彻执行《中华人民共和国民法通则》若干问题的意见(试行)第 157 条规定:"当事人对造成损害均无过错,但一方是在为对方的利益或者共同的利益进行活动的过程中受到损害的，可以责令对方或者受益人给予一定的经济补偿。”所以，孙某应当对牛某的死亡给予一定的补偿，但这种补偿属于一种补充责任，只有牛某的家长在得不到其他赔偿时才能获得。因为在本案中，牛某所在的小学能够对牛某的家长进行补偿，所以孙某也就自然免除了赔偿的责任。

第七节　学校踩踏事故的预防与应对

一、拥挤踩踏事故发生的特点

1. 易发生事故时间

事故多在下晚自习、下课、上操、就餐和集会时发生，学生集中上下楼梯，且心情急切。

2. 易发生事故地点

事故多发生在教学楼楼层之间的楼梯转角处。

3. 易发生事故的学生群体

事故发生群体主要集中在小学生和初中生。他们年龄较小，自我控制和自我保护能力较差，遇事容易慌乱，使场面失控，造成伤亡。

4. 易发生事故的设施设备因素

一是通道狭窄，楼梯，特别是楼梯拐角处狭窄，不能满足学生集中上下的需要；二是建筑不符合标准，一栋楼只有一个楼梯，不易疏散；三是照明不足，晚上突然停电或楼道灯光昏暗，没有及时更换损坏的照明设备，也容易造成恐慌和拥挤。

5. 易发生事故的管理因素

一是学生在集中上下楼梯时，没有老师组织和维持秩序；二是学生上晚自习时没有老师值班，下课时无人疏导；三是个别学生搞恶作剧，在混乱情况下狂呼乱叫，推搡拥挤，致使惨剧发生；四是没有对学生和教师进行事故防范教育和训练，无应急措施。

二、学校拥挤踩踏事故的预防

（一）加强内部安全管理

1. 制定预案

要制定《校园拥挤踩踏事故应急预案》，预案要有针对性和可操作性，并根据学校的发展不断完善。

2. 明确责任

学校要健全预防拥挤踩踏的各项安全管理制度，层层分解，落实到人。

3. 落实措施

(1)加强值班，建立教师在学生集中上下楼梯时的值班制度。在学生集中上下楼梯时，要有值班老师组织疏导。倡导错开时间，分年级、班级逐次下楼，强调安全第一，不强调整齐快速。

分(2)强化学校对晚自习的管理。学生晚间自习，必须有教师值班、干部带班；当停电或照明设施损坏时，要及时开启应急照明设备，同时带班干部和值班教师要立即到现场疏导。

(3)合理安排班级教室。学校要尽可能将班额大、年龄小的学生班级安排在底楼或较低楼层教室。

(二)开展安全教育

1. 遭遇拥挤的人群怎么办

(1)发觉拥挤的人群向着自己行走的方向拥来时，应该马上避到一旁，但是不要奔跑，以免摔倒。

(2)若身不由己陷入人群之中，一定要先稳住双脚。切记远离店铺的玻璃窗，以免因玻璃破碎而被扎伤。

(3)遭遇拥挤的人流时，一定不要采用体位前倾或者低重心的姿势，即便鞋子被踩掉，也不要贸然弯腰提鞋或系鞋带。

(4)如有可能，抓住一样坚固牢靠的东西，例如路灯柱之类，待人群过去后，迅速而镇静地离开现场。

2. 出现混乱局面后怎么办

(1)在拥挤的人群中，要时刻保持警惕，当发现有人情绪不对，或人群开始骚动时，就要做好准备保护自己和他人。

(2)脚下要敏感些，千万不能被绊倒，避免自己成为拥挤踩踏事件的诱发因素。

(3)当发现自己前面有人突然摔倒了，马上要停下脚步，同时大声呼救，告知后面的人不要向前靠近。

(4)若被推倒，要设法靠近墙壁。面向墙壁，身体蜷成球状，双手在颈后紧扣，以保护身体最脆弱的部位。

3. 危急时刻如何保持心理镇定

(1)在拥挤的人群中,一定要时时保持警惕,不要总是被好奇心理所驱使。当面对惊慌失措的人群时,更要保持自己情绪稳定,不要被别人感染,惊慌只会使情况更糟。

(2)已被裹挟至人群中时,要切记和大多数人的前进方向保持一致,不要试图超过别人,更不能逆行,要听从指挥人员口令。同时发扬团队精神,因为组织纪律性在灾难面前非常重要,专家指出,心理镇静是个人逃生的前提,服从大局是集体逃生的关键。

三、学校踩踏事故的应对措施

学校一旦发生踩踏事故,要立刻采取有效的应对措施,最大限度地减少事故对学生造成的伤害。

(一)启动应急预案

踩踏事故发生后,学校要立即启动《学校拥挤踩踏事故应急预案》。迅速拨打120、110电话呼救,抢救受伤人员。在规定时间内向上级有关部门报告,同时做好伤亡者家长的工作。

(二)快速疏导现场人员

学校要利用一切有效手段快速疏导现场人员,让学生尽快疏散到安全地点,禁止无关人员滞留现场,防止有人故意制造恐慌气氛,避免再次发生事故。

(三)紧急救护伤者

在专业医务人员到达之前,学校要抓紧时间用科学的方法进行自救和互救。

(四)如何进行现场急救

当学生受伤后,在事发现场应积极采取正确有效的救助措施,为救治伤者赢得时间。

1. 大量出血不止的处置

受伤者被伤及较大的动、静脉血管,流血不止时,必须立刻采取止血措施。常见的止血方法有加压包扎止血法和指压止血法。加压包扎止血法是用干净、消过毒的厚纱布覆盖在伤口,用手直接在敷料上施压,然后用绷带、三角巾缠绕住纱布，以便持续止血。指压止血法是用手指压住出血伤口的上方（近心端），阻断血流，达到止血的目的。

2. 发生骨折的处置

发生骨折后，应设法固定骨折部位，防止发生位移。固定时，应针对骨折部位采取不同的方式，可用木板、木棍加捆绑的方式固定骨折部位。受伤者发生骨折无大量出血，且事故发生地离医院较近时，可让受伤者原地不动，等待医生救助。

3. 呼吸与心跳停止的处置

对呼吸与心跳停止的伤者，应采取人工呼吸与胸外心脏按压的办法进行抢救。人工心肺复苏需要接受专门的训练，才能在现场救助他人时使用。受伤者呼吸与心跳停止时，正确及时的现场救护可挽救其生命。

（五）事故的善后处理

踩踏事故发生后学校要做好各项善后处理工作。

(1) 及时向上级行政管理部门报告事故的最新情况，特别是学生伤亡的情况。

(2) 组织人员到医院看望受伤学生，协助有关部门处理好治疗、康复和医疗费等敏感问题。

(3) 认真接待好家长，并稳定家长情绪。

(4) 配合相关部门做好事故调查和善后处理工作。

(5) 对学生进行心理辅导，消除事件对他们的心理影响。

经典案例

晚自习后的踩踏事故

案例描述：2002 年 9 月，内蒙古某中学校长樊某主持召开学校的行政办公会议，会议决定从 9 月 23 日开始，每天下午放学后，从 18 时 15 分至 18 时 55 分再补一节课。补课前，该校一名教师向樊某提出，教学楼楼道照明灯已损坏，但没有引起樊某的重视。9 月 23 日补课结束后，学生着急回家，由于没有照明灯，在底楼楼梯处，近百名学生发生拥挤，有的被挤倒并形成堆积，楼梯护栏被挤倒翻向外侧，部分学生从护栏处摔下，致使 21 名学生死亡，47 名学生受伤。

法院经审理认定：被告人樊某身为校长，负责学校的全面工作，在得知教学楼楼道照明灯损坏的情况下,没有及时安排检查、维修,在学生放学时没有进行必要的疏导,对学生伤亡负有直接责任。法院以教育设施重大安全事故罪判处校长樊某有期徒刑3年,总务处主任戈某被判有期徒刑3年,缓刑3年。

案例分析:根据我国刑法第138条的规定,教育设施重大事故罪是指明知校舍或者教育教学设施有危险,而不采取措施或者不及时报告,致使发生重大伤亡事故,危害公共安全的行为。构成该罪,需具备以下的条件:

(1)该罪的主体是对校舍或教育教学的设施安全负有直接责任的人员。包括学校的校长、主管副校长、分管后勤的领导和职工、有关的教师及政府主管部门的有关人员。

(2)要求客观上因为不采取措施或者不及时报告致使发生重大伤亡事故。

(3)要求行为人主观上具有过失,即明知校舍或教育教学设施有危险,但因为自已疏忽大意或者过于自信的心理而导致重大伤亡事故。

在本案中,校长樊某在有教师向其提醒教学楼的照明灯已经损坏的情况下,没有及时的进行检查维修,也没有安排值班人员对学生放学时进行疏导,以致发生了重大的伤亡事故,构成了刑法所规定的教育设施重大安全事故罪。按照刑法第138条的规定,因发生重大事故犯本罪的,处3年以下有期徒刑或者拘役;后果特别严重的,处3年以上7年以下有期徒刑。其中"重大事故"是指1人死亡或3人以上重伤,但法律和司法解释都没有明确规定"后果特别严重"的具体指标,一般认为是群死、群伤的事故。

第五章　自然灾害类事故的预防与应对

第一节　自然灾害类事故的概述

一、自然灾害的内涵

(一)自然灾害的概念

“自然灾害”是人类依赖的自然界中所发生的异常现象,自然灾害对人类社会所造成的危害往往是怵目惊心的。它们之中既有地震、火山爆发、泥石流、海啸、台风、洪水等突发性灾害;也有地面沉降、土地沙漠化、干旱、海岸线变化等在较长时间中才能逐渐显现的渐变性灾害;还有臭氧层变化、水体污染、水土流失、酸雨等人类活动导致的环境灾害。这些自然灾害和环境破坏之间又有着复杂的联系。人类要从科学的意义上认识这些灾害的发生、发展以及尽可能减小它们所造成的危害,已是国际社会的一个共同主题之一。

(二)自然灾害的种类

自然灾害大致可以分为以下几类:

1. 气象灾害

气象灾害是由大气圈变异活动引起的对人类生命财产和国民经济及国防建设等造成的直接或间接的损害。我国气象灾害种类繁多,不仅包括台风、暴雨、冰雹、大风、雷暴、暴风雪等天气灾害,还包括干旱、洪涝、持续高温、雪灾等气候灾害,沙漠化、山体滑坡、泥石流、雪崩、病虫害、海啸等气象次生灾害或衍生灾害也时有发生。此外,与气象条件密切相关的环境污染、海洋赤潮、重大传染性疾病、有毒有害气体泄漏扩散、地震、火灾等也成为影响人们生活和安全的重要问题。

2. 地质灾害

地质灾害是由岩石圈活动所引起的灾害。具体地说,在地壳某个薄弱的地方突然发生剧烈变形、位移及地表物质运动,给生活在这一区域的人们带来突如其来的灾难,称为地质灾害。地质灾害的种类很多,主要有地震、火山喷发、海啸、滑坡、泥石流、地裂以及水土流失、沙漠化、盐碱化、海水入侵、地下水变异、煤层自燃、瓦斯爆炸、有害地气、黄土湿陷、泥沙淤积等。地质灾害可以在瞬间吞没数十万人的生命,将整座城市毁灭。

3. 生物灾害

生物灾害是在生物圈内,由于各种生物活动(包括动物、植物和微生物活动)对人类生命和生存环境引发的重大伤亡和破坏。生物灾害包括动物灾害、植物灾害和微生物灾害。

4. 天文灾害

天文灾害是指空间天体或其状态,如太阳表面、太阳风、磁层、电离层和热层瞬时或短时间内发生异常变化,如强烈的日冕物质抛射、大耀斑、高速太阳风、磁暴、亚暴、电离层突然骚扰等,可引起卫星运行、通信、导航以及电站输送网络的崩溃,危及人类的生命和健康,造成社会经济损失。

(三)自然灾害的四种共性

1. 危害性

自然灾害给人类带来了各种难以想象的灾难性后果,从而酿成社会经济和环境的重大损失,以致直接威胁到人类的生存和发展。这是自然灾害的最主要特点。

2. 突发性

某些自然灾害具有不确定性、突发性和隐蔽性。人们如果忽视了对灾害的预防,造成的损失尤其惨重。

3. 并发性

当某种自然灾害发生后,往往会诱发其他灾害的发生。例如,发生了大地震后,除了造成房屋倒塌、火灾、人畜伤亡等直接损失外,还会诱发火山喷发、海啸和瘟疫等灾害。

4. 地域性

自然灾害的种类和发生的频率往往有一定的区域范围,某些特定的自然灾害往往发生在特定的地区,如海啸常常发生在沿海地区;而特定的地区往往决定特定的自然灾害,如日本处在环太平洋火山、地震带上,所以是一个多地震的国家。

(四)自然灾害的危害

1. 破坏性强

自然灾害突然性强,爆发力大,防御难度大,引发的各类次生灾害严重。

2. 人员伤亡和财产损失大

每一次自然灾害都会造成重大的人员伤亡和财产损失。以地震为例,学校是人员密集场所,地震灾害一旦发生,伤亡最多的是学生,倒塌最多的是学校建筑。

3. 社会影响大

自然灾害不仅破坏环境,而且人员伤亡和财产损失巨大,这些都造成了很大的社会影响。

4. 环境影响大

自然灾害发生后,会对环境造成较大的影响,同时也会产生许多的次生灾害。地震次生灾害是由于地质工程结构被破坏而造成的诸如地震火灾、水灾、海啸、滑坡、泥石流等灾害。

5. 防疫任务重

自然灾害发生后,往往由于基础设施损毁,造成垃圾遍地,污水四溢;再加上禽畜尸体腐烂变臭极易爆发传染疾病。在救灾工作中,认真搞好卫生防疫非常重要。搞好食品卫生,派专人对救灾食物的储存、运输和分发进行严格管理和监督。

二、学校对自然灾害的预防

学校不仅需要在自然灾害发生时采取积极的应急措施和应急预案。同时要坚持“安全第一,防范为主”。

(一)加强防灾安全教育

古人云:“灾异之生,常出于人之所不意,诚素有其备,虽甚灾,不足为忧也。”而要做到“诚素有其备”,安全文化教育就必须符合中国实际,要有综合减灾的教育体系,国情教育中应加入灾情内容,应强化安全减灾内容。在中小学教科书中不仅要增加防灾减灾内容,更要增加一些必考的知识点,包括如何应对台风、尘暴、地震等。由于灾害都具有综合性和连锁性,这些都需要通过扎实、系统的教育及知识普及使公众知晓。

（二）培养学生的安全意识

在对学生进行知识教育的同时，要特别注重通过潜移默化对学生进行全方位培养。在幼儿园阶段即开始安排紧急灾害发生时的应急演习，使学生通过现场演习而熟练掌握各种避灾自保的技巧。在东京的消防博物馆，有为孩子专门设计的大海啸发生装置，一个孩子不停摇动手柄后，透明水箱里的“波浪”由小到大，站在四周的孩子们可以清晰地看到“海啸”的形成和危害；在神户的抗灾纪念馆（阪神淡路大地震纪念馆），专门有地震发生的模拟装置，有声光电技术综合运用反映地震发生现场的环形影院。这种多方式全方位普及式的综合教育对孩子们一生的危机意识培养和自救技巧养成产生了重要影响。

（三）学校组织防灾演习

根据灾害类型，开展经常性的应急训练和各种模拟演习，提高在灾害到来时的逃生和救灾效率。1989 年 8 月，美国联邦与州政府的一个 1000 人的联合灾难处理队伍在旧金山演习测试一个地震应急计划，不料 6 周后剧烈的大地震真正袭来，震塌了房屋，引发了大火，而很多生命都因为疏散工作以及紧急医疗救助的得力而得以保全。有研究表明，特大地震每 50 ~ 100 年发生一次，1906 年 4 月 18 日的旧金山大地震导致 700 多人死亡，此后加利福尼亚人加深了对地震知识的了解，学校和医院定期进行地震演习，应急部门不断操练，当地震再度发生时人们逃生、救助、消防井井有条，大大降低了伤亡率。

（四）学校制定防灾应急预案

各学校应当制定具体应急预案，为交通工具和有关场所配备报警装置和必要的紧急救援设备、设施。注明其使用方法，并显著标明安全撤离的通道、路线，保证安全通道、出口的畅通。

（五）学校建立保障体系

为保障自然灾害发生时的应急处置及后期处置工作迅速有效地开展，学校还应针对救灾抢险工作的需要，在平时做好各项保障措施的准备，包括治安保障、医疗卫生保障、水电气保障、紧急避难场所保障、应急队伍保障等等。学校应组织专职或兼职的应急救援队伍，学校保卫处、校卫队、校医院或门诊部是负责学校应急处置职责的专职人员，与此同时，还要发动成年的师生员工组成志愿者救援队伍及后备队伍,参与自然灾害的应对工作。志愿者队伍应分布至院、系、班、教学楼、教职工宿舍或学生宿舍的各楼层。

三、自然灾害发生时的应对工作

(1)保卫处、校卫队、校医院以及志愿者应急队伍进入待命状态,并动员后备人员做好参加应急救援和处置工作的准备。

(2)调集应急救援所需物资、设备、工具,组织学生按照安全撤离标志迅速撤离到紧急避难场所。

(3)启动应急通信工具,确保指挥机关通信畅通。充分发挥对讲机、广播及车载收音机功能,与上级机关保持联系,及时向师生发布有关采取特定措施避免或者减轻危害的建议、劝告。

(4)将人员迅速转移到紧急避难场所,控制或者限制容易导致危害扩大的公共场所的活动。

(5)及时了解灾害程度,统一救灾思想,不等不靠,积极主动开展自救工作。

(6)防止次生灾害发生,次生灾害是指自然灾害造成工程结构、设施和自然环境破坏而引发的灾害,如火灾、爆炸、瘟疫、有毒有害物质污染以及水灾、泥石流和滑坡等。

(7)加强校园治安防范。地震后要注意加强防盗工作防止泄密和贵重物品丢失。马上封闭重点区域,指派专人看护重点部位。调动各种资源,按照"特事特办"的原则,请求当地公安机关或救援部队进校,组织学生志愿者,开展高强度的治安巡查。保障紧急避难场所等重点部位照明,将学生按班级划分区域临时居住,指定专职教师负责管理。

(8)预防不实信息传播。大灾大难时信息中断,由于极度的紧张及个别别有用心的人煽动,各种小道消息就像"二次灾害",负面作用很大。谣言止于公开,学校应传播正面信息,及时辟谣。面对师生的疑惑和传言,学校有关部门应当尊重和保障师生的知情权,尽快发布权威信息,让师生在第一时间了解真相,可以按照《治安管理处罚法》依法打击制造和传播谣言的人,让更多的人相信政府,相信主流媒体的报道。

(9)加强师生心理疏导。灾难会使人产生压力,出现焦虑、压抑以及其他情绪和心理问题,这些问题可以持续很长时间甚至一生。极度灾难造成的心理障碍,会使当事人产生持续的、不必要的、无法控制的无关事件的念头,强烈地避免提及事件的愿望和睡眠障碍,社会意识退缩以及强烈警觉的焦虑障碍。学校必须组织相关专业的师生和社会专门人员,对全校师生进行心理疏导,重点帮助受到伤害的学生及心理素质较差的学生。

第二节　地震事故的预防与应对

一、地震的概述和危害

地震又称地动、地振动,是地壳快速释放能量过程中造成的振动,期间会产生地震波的一种自然现象。

(一)地震的成因

地球,可分为三层。中心层是地核;中间是地幔;外层是地壳。地震一般发生在地壳之中。地壳内部在不停地变化,由此而产生力的作用(即内力作用),使地壳岩层变形、断裂、错动,于是便发生地震。也就是说,地震是地球内部介质局部发生急剧的破裂,产生的震波,从而在一定范围内引起地面振动的现象。

(二)地震的前兆

对地震灾害,科学家目前还不能准确地做出预报。但仍会出现一些征兆,提醒人们提高警惕。例如动物出现异常:大量的蛇爬出洞来长距离迁移;家禽家畜不吃不喝,狂叫不止,不进窝圈;大量的老鼠白天出洞,不怕追赶;动物园里的动物委靡不振,卧地不起等。地下水发生异常:震区的枯井突然有了水,井水的水位突然大幅度上升或下降,井水由苦变甜、由甜变苦等。出现地光和地声:临震前的很短时间里,大地常会突然发出彩色的或强烈的地光,还可能发出轰隆隆的或像列车通过,或像打雷般的巨响。有的人也有异常感觉:地震发生前,某些人也会有异常感觉,特别是老人、儿童、患病者可能更为明显。

(三)地震的危害

1. 直接灾害

(1)人员和财物的损失。

(2)地震主要是对生态、建筑、公路的损坏尤其严重。其中地震打破了原有的生态平衡,导致生态失衡,例如,在地震中一些稀有的动植物灭亡了,破坏了生物的食物链。另外,在地震后的重建中同样也会给生态造成巨大的危害,例如,重建房屋需要砍伐木材等。

(3)地震对建筑的破坏,如房屋倒塌,特别是对于古建筑的破坏尤为严重。

(4)地震对公路的破坏,桥梁断落、水坝开裂、铁轨变形、地面破坏,如地面裂缝、塌陷,喷水冒沙等。

2. 次生灾害

(1)由震后火源失控引起的火灾。

(2)由水坝决口或山崩壅塞河道等引起的洪灾。

(3)由建筑物或装置破坏等引起的毒气泄漏。

(4)由地震后生存环境的严重破坏所引起的瘟疫。

二、学校对地震预防机制的建立

地震是人类社会发展中无法回避的现象,而有效的地震预防教育可以在一定程度上减轻地震对人类损害的程度。

(一)加强地震知识的教育

1. 学校对地震教育的意义

联合国教科文组织就21世纪教育提出的口号是"学会生存",这表明生存能力教育是21世纪教育的重要内容。当人们碰到紧急情况时,有无应急知识,往往直接关系到其是否能够生存。中小学生自救能力有限,开设灾难教育课显得更重要。

(1)地震教育有助于培养学生的危机意识。

人类的忧患意识是人类社会能够持续发展的重要条件。长期以来,由于人们一直生活在一个相对安全的社会环境之中,导致公众普遍缺乏危机意识,甚至认为安全是理所当然的事,危机不可能降临到自己身上,更没有必要为危机进行各种准备,导致学生在地震来临的时候不知所措,慌张混乱。所以要培养学生的危机意识,加强学生的自救本领,这样才能在地震来临时,有条不紊,紧张有序。

(2)有助于提升学生的道德情怀。

应对灾难往往要靠整个社会的力量。在灾难面前,社会的凝聚力、社会的道德水平就显得非常重要,只有整个社会团结一致,树立起共同的价值观,共同去克服困难,整个社会才有希望,人类才有希望。所以在灾难发生时,遭遇者道德品质的高低往往会成为避难、救灾以及灾后重建的重要影响因素。通过灾难教育,有助于学生树立高尚的道德情怀:如遵守纪律、责任感强、富于同情心、助人为乐等。对灾难发生时不同人员的职责分工有助于培养学生的职业道德感,让学生直接或间接参与救灾,有助于培养学生的团结互助精神以及同情心等品质。

2. 学校地震教育的内容

涉及地震的知识非常多,学校在对学生进行地震教育时,应当具有针对性。

(1)地震知识教育。地震教育的首要内容就是对学生进行地震知识的教育。具体而言,这些教育内容主要体现在以下几个方面:

第一,地震的分布。世界地震带的分布,我国是多地震国家,但地震灾害的分布并不均匀,应介绍主要的地震带的地理位置。

第二,地震的危害。可以通过地震的具体事例说明,让学生了解和他们生活相关的灾难的危害性以及不同灾难的危害程度和危害范围。

第三,地震前兆和表现。地震发生前都会有一些征兆,如地震会造成房屋的摇晃以及物品的脱落。这样可以让学生通过观察对部分灾难的发生做出初步的判断并及时采取防范和避险措施。

第四,地震原因。了解灾难发生的原因是了解灾难的重要组成部分,可以利用学生探究的兴趣,告诉他们自然灾难发生的简单原因和人为灾难发生的多种可能的原因。

第五,灾难规律。不同地方发生某种灾难的概率是不一样的,如靠海地区容易发生海啸,地震带上的区域容易发生地震,多山地区容易发生泥石流、山体滑坡等地质灾害。同时,任何一种灾害的发生都有其自身的规律。学生掌握这些规律有助于加深对灾害的认识。

(2)地震应对教育。目前部分自然地震在技术上还难以完全预测和防备,因而灾难会时有发生。当地震发生后,如何有效应对就成为减灾的重要途径。地震应对教育主要包括两个方面:其一是地震预防教育;其二是地震救助教育。

第一,地震预防教育不是指教育学生预测灾难发生,而是在日常生活中就为灾难的发生做好准备。如可以组织学生自己撰写班级或个体应对地震的应急预案以增强学生应对突发事件时的心理稳定性,从而提高自救能力;也可以让学生随时准备一些在遇到地震时必须的物品,并放在特定的地方,以便于地震发生时取用。

第二,灾难救助教育主要包括逃生和自救、互救教育。例如,地震发生时以何种方式逃生,哪些逃生方法是正确的,哪些方法是错误的。如果在灾难中受到伤害,如何进行自救,以及发现他人受到伤害或者在自己脱险后如何有效救助他人;在无害的情景下,演练应随机进行,因为许多灾难的发生通常都是无征兆的。演练要持之以恒,一般而言每个学期至少举办一次;尽可能使演练情景逼真;对演练中可能出现的突发情况要有预案。

第三,开发灾难教育的软件、游戏。例如,东南亚海啸灾难发生几个月后,联合国粮食计划署发布了一款视频游戏,该游戏教育孩子如何在重大人造危机中应对分发食物的挑战。游戏名为"粮食部队"(Food Force),游戏背景是名为Sheylan的虚拟岛,该地受到干旱灾难和战争破坏,联合国粮食计划署要求游戏的孩子完成6个虚拟任务,这些任务反映了联合国粮食组织对海啸和全球其他地方饥荒危机采取救援行动时所面临的真实障碍和困难——显然,这种寓教于乐的教育形式是很成功的设计。因此,在学校灾难教育中,为增强学生对教育的参与度,可以开发一些专用的富有趣味性的游戏软件。

3. 学校地震教育的方式

(1)因地而异。加强地方教材相关内容的建设,推进安全和减灾知识与实践课程的开发和教学工作。我国是多地震国家,但地震灾害的分布并不均匀,因此,各地应根据地震活动背景和地质构造环境,有针对性地编制各自的地方教材。特别是在地震灾害频发地区或地震重点监视区的学校,一定要在地方课程和校本课程中适当增加防震减灾知识内容。

(2)课本渗透。可以把安全和减灾教育渗透到学校教育的其他有关课程中,如物理课讲到波时可介绍地震波知识,生物课上可适当介绍地震的生物前兆,地理课可介绍我国或本地的地震构造环境和地震灾害,生理卫生可讲自救互救和地震后防疫的知识,体育课可传授运动中的自我防护等,甚至英文课中可选择一些防震减灾方面的材料作为课外读物。

(3)课外实践。学校在开展校园科技节、科学小发明竞赛、科技小组等多种形式的科学实践活动中,在夏令营、冬令营、征文等课外活动中都可选择将地震安全和防震减灾作为重要活动内容之一,并请有关部门进行检测评估。充分利用班会、校会等,开展安全与减灾的讲座、演讲、讨论等多种形式的主题活动。注意为校图书馆或阅览室购置补充相关的图书、光盘等资料,请校外专家或有关人士做专题讲座或演讲等。

(二)校内环境的安全建设

重视学校建筑和设施的安全性,加强学校内部环境安全的建设。加强校内环境安全的建设，分为硬件建设和软件建设两部分，二者是互相促进，互为依托的。硬件建设包括消除隐患，对校园内的安全隐患进行排查。这种排查又可分为结构性安全检查和非结构性安全检查两大部分。结构性安全检查主要是在专业人员的协助或指导下对学校建筑的抗震性能进行仔细排查，彻底查出安全隐患，并对安全隐患进行必要的拆除、治理或结构性加固。非结构性的安全检查主要指对家具等室内外物品的牢固性进行检查，如对教室闭路电视的牢固性进行检查，对建筑物外的空调室外机牢固性进行检查。

（三）加强师资培训

1. 安全意识和安全知识的培训

加大地震安全课任课教师的培训，尽量开拓任课教师的视野。我国许多学校地震安全课的任课教师基本是由其他学科的教师兼任，因此，相关的知识背景和储备可能不足，要想把防震减灾课讲得生动，引起学生的兴趣，教师本身的素质，教师的知识底蕴和积累都起着决定性的作用。除了教师自己的努力之外，上级主管部门和学校都应尽量创造条件，加强培训，给教师提供丰富的参考资料和具体的教学建议，最好有课程实施手册。在有条件的地方，与专业部门合作，或在其指导下开发统一的教学课件。

2. 教师素质培训

教师不仅需要具备专业知识和相关技能，同时还应该具备良好的心理素质和职业道德。

三、学校对地震应对机制的建立

（一）学校制定地震应急预案和应急组织体系

1. 地震应急预案

根据国务院《发生破坏性地震应急条例》，结合学校实际情况，制定地震应急预案，要做到分工详细、责任明确、分工到人。

第一个内容是临震应急预案。

（1）接到上级地震、临震预（警）报后，领导小组立即进入临战状态，依法发布有关消息和警报，全面组织各项抗震工作。各有关组织随时准备执行防震减灾任务。

（2）组织有关人员对所属建筑进行全面检查，封堵、关闭危险场所，停止各项大型活动。

(3)加强对易燃易爆物品、有毒有害化学品的管理，加强对食堂、供电输电、机房机库等重要设备、场所的防护，保证防震减灾顺利进行。

(4)加强广大师生宣传教育，做好师生、学生家长思想稳定工作。

(5)加强各类值班值勤，保持通信畅通，及时掌握基层情况，全力维护正常教学、工作和生活秩序。

(6)按预案落实各项物资准备。

第二个内容是震后应急行动。

(1)无论是否有预报、警报，在本市范围或邻近地区发生破坏性地震后，领导小组都应立即赶赴本级指挥所，各抢险救灾队伍必须在震后1小时内在本单位集结待命。

(2)领导小组在上级统一组织指挥下，迅速组织本级抢险救灾。

首先，迅速发出紧急警报（连续的急促铃声和呼喊声），组织仍滞留在各种建筑物内的所有人员撤离。

上课（自修）时间：A. 各班学生在上课（登班或值日）教师的组织下按下列顺序立即撤出教室到操场中央避震：教学楼一二楼同时进行，二楼按“先中间后两边”顺序有序撤出；B. 所有校内其他人员立即撤到操场中央。

就餐时间：A. 在餐厅就餐的学生在值日教师及后勤人员的组织下按离出口“近及远”原则撤离，即按座位自左到右、自前到后撤离到操场中央；B. 所有校内其他人员立即撤到操场中央。

其次，迅速关闭、切断输电、燃气、供水系统（应急照明系统除外）和各种明火，防止震后滋生其他灾害。

第三，迅速开展以抢救人员为主要内容的现场救护工作，及时将受伤人员转移并送至附近救护站抢救。

第四，加强对重要设备、重要物品和历史文物的救护和保护，加强校园值班、值勤和巡逻，防止各类犯罪活动的进行。

第五，积极协助当地党委、政府做好广大师生的思想宣传教育工作，消除恐慌心理，稳定人心，迅速恢复正常秩序，全力维护社会安全稳定。

第六，迅速了解和掌握本校受灾情况，及时汇总上报市地震局办公室及当地党委政府。

第三个是一些其他的内容。

(1)进入防震紧急状态后，学校指挥部将通过各种新闻媒介发布各种命令、指示,防震减灾领导小组将通过电话、口授等形式传达各种命令、指示。

(2)在抗震减灾应急行动中,要密切配合,服从指挥,确保政令畅通和各项工作的落实。

2. 应急责任组织体系

学校应当根据地震具有突发性、次生灾害种类多、易成巨灾等特点,将有效预防地震、消除次生灾害作为学校安全的最高目标,建立学校校长负总责,学校各部门相互协作、各负其责的地震应急组织体系。但是,地震又具偶发性,学校天天防震也是不现实的。因此,应建立一种"平震结合"的应急组织体系。基于以上考虑,学校应当建立防震减灾工作领导小组,主要负责非震时(平时)的防震减灾知识宣传、普及工作,组织开展地震应急演练;震时,学校防震减灾工作领导小组转为地震应急指挥部,组织师生开展应急避震、紧急疏散、自救互救、灾情调查等活动。地震突发时,学校原有的教学管理体系适应不了突发震情,需要建立一个能够快速、高效、有序地指挥地震应急的新组织体系。但新的组织体系又不能完全分割原来经过长期运转的,已经为全体师生所适应的教学组织体系。这就要求学校地震应急组织体系既要体现地震应急的特点,又要充分考虑学校各部门在教学体系中的职责与作用。在指导学校编制"地震应急预案"实践中,建议学校建立地震应急指挥部,下设避震疏散、自救互救、教育安抚、灾情调查、资源保障等小组。地震应急指挥部指挥长为学校校长,全面负责学校地震应急工作,体现行政首长负责制的管理理念。副指挥长可为分管教学、安全、科普、后勤的副校长及教务、行政部门主要领导。副指挥长应在指挥长的领导下,负责某一方面或几个方面的工作。为减少中间层次,副指挥长可分别兼任一个小组的组长。避震疏散组组长、副组长可由学校教务、后勤部门领导担任,成员为突发地震时在校的所有教师,职责是指挥学生应急避震,并安全疏散到指定地点。自救互救组组长、副组长可由学校安全或后勤部门负责人担任,学校有医务室的,医务室负责人可担任副组长,成员为各班班主任及任课教师,职责是按班级为单位,组织师生开展自救互救,对伤者给予必要的医疗处置,做好重伤员送医、急救工作,并向相关灾害救助部门提出紧急救援请求。教育安抚组组长、副组长可由学校科普宣传、思想教育、心理疏导等部门负责人担任,成员为各班级班主任及相关任课教师,职责是开展震后防震减灾科普宣传教育及心理疏导工作,舒缓学生心理压力。灾情调查组组长、副组长可由学校办公室或校长办公室负责人担任,成员为各年级组长及后勤部门人员,职责是了解学校地震应急中采取的基本措施,对地震中师生伤亡、校舍损坏等情况进行统计、汇总，做好灾情信息上报工作。资源保障组组长、副组长可由学校办公室或校长办公室及财务、后勤部门负责人担任，成员为学校后勤部门工作人员，职责是负责通信、交通等设施的维护，为地震应急提供必需的器材、工具等；负责震后校舍安全检查，组织安全鉴定；负责震后临时教学点的设立工作。

（二）学校对地震应急响应和应急措施

1. 地震中学校做什么

政府临震预报发布后，或遇突发地震，学校应启动“地震应急预案”。但地震短临预报是世界科学难题，政府震前发布临震预报的可能性很小，所以，学校地震应急响应和地震一样，具有突发性。按校长负责制的原则，“地震应急预案”一般应由校长（指挥长）启动。突发地震后，针对学生可能出现的情绪紧张、神情焦虑等心理问题，应当开展教育安抚工作，舒缓学生心理压力。震后应对校舍进行安全检查，如发现校舍受损严重，应对其进行封闭，并组织安全鉴定。校舍受损严重无法满足教学需要的，应搭建帐篷或活动板房，设立临时教学点。开展灾情调查，对地震中师生伤亡、校舍损坏等情况进行统计、汇总，了解、收集学校地震应急中采取的基本措施，报教育、防震减灾行政主管部门。有新的重大灾情的，应随时报告。

2. 地震中教师应该做什么

教师应立即停止授课，转为避震疏散组成员，负责授课班级的应急避震、紧急疏散工作，立即提示学生“地震来了，不要慌乱”，命令学生迅速就地避震。紧急状态下，教师的一句提醒对稳定学生情绪会起到非常关键的作用。为防止意外，教室讲台靠楼梯最近的任课教师应立即赶到楼梯口做好安全防护工作；每幢教学楼设立一名疏散指挥员，按规定的次序、路线组织疏散；其他在校教师应立即赶到学生疏散路线相关节点做好防护工作。学生到达疏散地后，班主任应立即清点人数，检查学生受伤情况，稳定学生情绪。发生破坏性地震，师生受伤将不可避免，如果发生校舍坍塌，则可能造成重大伤亡。时间就是生命，科学研究发现，如果震后半小时之内能够迅速地救出被埋压的人员，那么这个人的存活率可以达到99%。震后能够立即投入救援力量，就是当时在现场、有救援能力的人，开展自救互救是地震应急的重要环节。自救互救一般包括对轻伤者给予必要的消毒、清洗、包扎等医疗处置；对伤势较重者就近送医或联系“120”请求救治；对可能发生的火灾、水灾、毒气等次生灾害，采取预防、处置措施，向

"119"、"110"等部门提出救援请求。

3. 地震中学生做什么

学生应该迅速躲避在各自的课桌下或课桌旁，尽量蜷曲身体，降低身体重心，蹲下并用双手或书包保护头部。但是，在平房或底楼教室靠门口的少部分学生可直接冲出教室，躲避到安全地方。另外，上实验课的师生应该注意迅速关闭电源、火源、气源等，以预防次生灾害的发生。在紧急疏散时，最容易发生拥挤、踩踏事件，学生应尽量保持冷静，按序疏散。

经典案例

桑枣中学在地震中的奇迹

案例描述：2008 年 5 月 12 日下午，当汶川大地震发生时，四川省桑枣中学绝大部分学生都在教学楼里上课。当他们感觉到大地的震动时，各个教室里的学生们立刻按照老师的要求钻到课桌下。第一阵地震波过后，学生们在老师的指挥下立刻进行了快速而有序的紧急疏散。在地震发生后短短的 1 分 36 秒里，桑枣中学的 2200 名学生和上百名老师，已经全部安全地转移到了学校开阔的操场上，创造了全校师生无一人伤亡的奇迹。

案例分析：发生在 2008 年的四川大地震给我们带来了沉痛的回忆。在这场地震当中，很多正在上课的学生不幸受伤、丧生。而桑枣中学却创造了一个奇迹！这个奇迹不是偶然的，而是该校常年扎扎实实的安全管理与安全教育的结果。

我们总结，桑枣中学的经验有以下几条：

1. 强烈的避险意识

应该说，当今多数校长是有风险意识的，尤其是那些不定期组织学生进行紧急疏散演习的校长，他们更多是秉承教育部门的旨意行事，把学生的安全工作放在应试教育之上。桑枣中学的校长就是自觉地把学生的生命安全看得高于一切，例如该校校长不放心楼外立面贴的大理石面，认为只贴一下不行，就让施工者每块大理石板都打四个孔，然后用四个金属钉挂在外墙上，再粘好。

2. 严谨的治校作风

该校对学校安全工作的严谨作风还体现在经常性地组织紧急疏散演习。在有些学校，这类演习往往被看作是走过场，老师不认真，学生敷衍了事，所以一般收效甚微。但桑枣中学对于平时的演习严格要求,每次都按照预先制定的方案一步不漏地进行。

3. 执着的求实精神

桑枣中学把学校安全工作作为一项长期的任务认真抓好并落实,例如日常的应急演习就已经坚持了多年,所以在四川大地震中,该校的师生才能临危不乱,在短时间内疏散完毕,创造了四川大地震中的一个奇迹。

第三节　洪灾事故的预防和应对

洪灾作为自然界中的随机事件,它的发生受许多因素影响,不以人们的意志为转移,一旦达到致灾条件,随时可能发生灾害。特别是在全球变暖的大背景下,异常极端天气气候事件偏多,强度偏强,导致局部暴雨、大暴雨出现的频率增加,而我们现有的监测、预报、预警能力还十分有限,因而极易引发严重的山洪灾害。

一、洪灾事故的成因和特点

(一)洪灾事故的成因

按照洪灾成因,中国的洪灾可分为暴雨洪灾、冰凌融雪洪灾、风暴潮灾害、溃坝洪灾、山洪灾害。

1. 暴雨洪灾

暴雨洪灾指由暴雨洪水造成的灾害。在中低纬度地区,洪水的发生多由暴雨形成。暴雨使得一些江河、湖泊和水库的蓄水量剧增,一旦超过其本身的蓄洪能力,就有可能形成洪灾。2005 年,发生在黑龙江沙兰镇中心小学的洪水就是因为暴雨导致。

2. 冰凌融雪洪灾

冰凌融雪洪灾指由冰凌融雪洪水造成灾害。

江河流域内如有高寒积雪或结冰地区,当气温急剧上升时,积雪(冰)迅速大量融化,就会形成融雪(冰)洪水。如果同时再有降雨,就会形成雨雪混合洪水。

冰凌洪水又称凌汛,是由于气温下降时河水结冰封冻和气温回升后解冻开河时冰凌阻塞河槽而形成的洪水。

3. 风暴潮灾害

风暴潮灾害指由天文大潮、风暴潮、海啸，特别是台风暴潮造成的灾害。我国海岸线曲折绵亘、大陆岸线从辽宁鸭绿江口到广西北仑河口，总长约18000公里，岛屿岸线总长约14000公里，沿海地区受天文大潮、风暴潮、海啸的影响，常常发生风暴潮洪水，台风暴潮还会导致沿海地区江河发生洪水，几种因素产生的洪水相互遭遇叠加往往造成严重的灾害。

4. 溃坝洪灾

溃坝洪灾指溃坝洪水造成的灾害。溃坝洪水原指水坝或其他挡水建筑物突然崩溃，大量蓄水突然下泄而造成的洪水。也有把堤防决口、冰坝溃决以及因山崩滑坡、冰川推进堵塞河道、壅高水位又漫溢溃决而造成的洪水都视为溃坝洪水一类。产生溃坝洪水的原因，有自然和人为两方面的因素。如出现超标准洪水、发生强烈地震等导致溃坝的属于自然因素。因设计不周、质量不好、管理不善、战争破坏而溃坝的，属于人为因素。

5. 山洪灾害

山洪是在山区沟谷中突降暴雨或因气温急剧上升大量积雪(冰)融化而形成的局部性洪水，常发生在地形陡峻、岩石裸露的山区。

(二)洪灾的特点

从洪灾的发生机制来看，洪灾具有明显的季节性、区域性和可重复性。同时，洪涝灾害具有很大的破坏性和普遍性。洪涝灾害不仅对社会有害，甚至能够严重危害相邻流域，造成水系变迁。并且，在不同地区均有可能发生洪涝灾害，包括山区、滨海、河流入海口、河流中下游及冰川周边地区等。但是，洪灾仍具有可防御性。

二、校园洪灾事故防御机制的建立

校园洪灾防御一直是各级政府抗汛抗灾工作中的重点和难点。要建立健全校园洪灾事故的预防机制，具体来说要做到以下几点：

(一)提高危险意识

大部分洪灾易发地区的学校位于交通、通信闭塞的山区，很少与外界接触，信息不通，对校园洪水灾害性的认识远远不够，因而缺乏主动防灾避灾意识。因此，一定要进一步采取各种形式向山丘区广大师生宣传校园洪灾的危害性、严重性。尤其是要通过典型校园洪灾造成群死群伤的血的教训事例来教育师生，真正提高山区学校广大师生对校园洪水灾害严重危害性的认识。在当前条件下，师生自觉主动地避灾行动，是减少山洪灾害人员伤亡最有效的途径。

（二）要避开危险区域

山区在建学校时，必须尊重自然规律，避开危险区域，用严谨、科学的态度建设校园。一定要避开山洪直接冲刷的溪边、沟边、河边、峡谷边、山坡边和斜坡上等危险地带，已建在这些危险地带的，各级政府要统一规划，指导和扶持搬迁，把学校建在安全地带。

（三）加强科学研究，不断完善预测方法

加强科学研究，不断完善预测方法，尤其要针对校园洪灾发生的特点，加强突发性、小尺度、超强降水的气象、水文预测预报方法的专题研究，掌握不同地区的气象、洪水特点和测报规律。完善预测预报方案，提高气象、水文预报的精度、准确率、时效性，保证校园洪水灾害气象、水文预报发布渠道畅通。

（四）提高师生应对能力

要进一步总结校园洪灾防御试点地区积累的应对校园洪灾的成功经验，针对近年发生校园洪灾时，在应对方面暴露出来的问题。完善校园洪水灾害防御方案，不断提高师生应对校园洪水灾害的能力。要立足于早、立足于快、立足于安，重点做到三个确保：

1. 确保信息传递及时

要进一步完善县级以下校园洪灾各类信息传递途径和责任保障体系。关键是要确保校园洪灾信息及时有效地传递到学校。校园洪灾等各类信息可通过广播、信息、电话等途径传递。

2. 确保转移道路畅通

要抓住乡村公路建设的机遇，结合进行安全转移道路建设。要广泛发动群众，根据当地的地形条件，修建和完善永久或临时的安全转移简易道路，形成简易、安全的转移道路网络。对一些山高坡陡的险要路段要设立简易扶手等安全设施，确保在安全转移道路上不造成人员伤亡。

3. 确保人员安置到位

一定要按照就近、安全、便于救助的原则做好人员安置方案。要一个学生

一个学生地落实固定的安置地点，登记造册，要做好吃、住等相关后勤保障预案。

（五）要保护生态和环境

要齐心协力，杜绝乱砍、乱挖、乱建、乱开采矿藏和随意在山坡上堆填加载，随意改变地质结构、破坏地貌，随意侵占、阻塞河道等破坏自然生态的行为。自觉维护山区、山林和河流的生命健康，绝不能人为诱发校园洪灾。

三、校园洪灾事故应对机制的建立

生活在洪水危险区域的群众因种种原因被突发的洪水围困时，能否脱离险境，甚至死里逃生，取决于是否具备较充分的防灾知识及相应的准备，以及能否保持冷静，避免盲目行动。

（一）保持冷静情绪，防止恐惧心理

避免由于精神崩溃而造成的混乱，特别是教师应当安抚被困学生，共同采取自救行动。

（二）有防洪和自救经验的人员应当根据平时所积累的知识作出判断

（1）洪水可能发展的趋势。

（2）所在位置的危险性如何。

（3）有无可能采取措施转移到安全地带。

在做出第三项决定时要特别慎重。因为洪灾水流与一般水流不同，其特性难以掌握，如水的深浅、流速大小、有无旋涡、跌水、潜流等都难以预料和判断，因而在转移途中发生意外伤亡的实例较多。没有足够的安全措施，如没有可靠的船只、非常熟悉水的深浅和习性的人员，不要轻易采取转移行动。

（三）在决定原地待救时应采取的自救措施

（1）有条件修筑或加高围堤时，组织机械和人力取土修堤，不具备条件时应选择登高避难的方式，如基础牢固的屋顶；大树上筑棚或将几棵树相互联系，在树上设避难台；临时搭建避难台等。

（2）发出等待救援信号，如柴烟、高处悬挂彩布、各种声响等。

（3）利用和保存各种尚能使用的通信设施，如电话、电台、对讲机、信鸽等，

尽早发出求援联络并设法保持联系。

(4)注意保存火种、医药等用品。

(5)安置好学生,必要时将他们送上救生设备并在身上绑扎救生器材。

经典案例

沙兰镇中心小学水灾

案例描述:2005年6月10日下午,因上游突降强暴雨,位于黑龙江省宁安市的沙兰镇中心小学遭遇洪水袭击,造成105名学生遇难。沙兰镇本身处于低洼地势,学校又建在镇里的偏低处。这所小学共有学生360多名。事后据获救学生讲,在大水涌进教室时,老师组织学生攀上窗台,或砸开教室棚顶,将学生托举出去。被托举出的学生得以生还。

案例分析:沙兰镇中心小学发生的水灾事故在短时间内就造成了105名孩子失去生命,其教训是极其惨痛的。造成这起灾害的原因主要有以下几点:

首先,该起事故的起因是突降的暴雨。降雨从6月10日12时55分开始到15时结束,调查站调查3处雨量,结果分别是:约两个小时的时间,和盛村降雨150毫米,王家村200毫米,鸡蛋石沟村推测为150~200毫米。在黑龙江省水文局的报告中指出,这是一场二百年一遇的降水。

其次,沙兰镇小学建在全镇最低洼的地方,并且紧邻沙兰河。洪水到来时,这里是最先被淹没的地方。

再次,这起灾害暴露出灾害预警体系的欠缺。当洪水从上游冲下时,该小学并没有及时得到有关部门的预警通知,等到学校发现洪水来临时,已难以组织学生逃生。

最后,事故救援现场也表现出学校灾害应急机制的不完善。事发时,教师并没有统一有效的救援手段,学生在面对洪水时也束手无策,只有那些及时疏散到房顶的学生死里逃生。这就表现出该校应急预案与应急演练的缺失。

该起案例也说明,学校的安全工作是学校和社会共同的责任。社会各界要重视学校的安全工作,对学校安全工作要大力支持。学校自身也要严格按照《中小学幼儿园安全管理办法》的有关规定,深入细致地做好本校的安全工作。

第四节　泥石流事故的预防与应对

泥石流是山区常见的一种自然现象，是一种饱含泥沙石块的洪流。泥石含量很高，是泥石流的突出特点，泥石流中的固体物质的体积一般要超过泥石流总体积的15%，最多可达70%～80%。泥石流的爆发性很强，流速一般要比山洪低，在发生过程中常具有冲蚀和沉积两种作用。在峡谷中的涨水阶段，冲蚀作用明显；在河谷放宽和落水阶段，沉积作用明显，往往有大量沉积物堆积，甚至形成石海，最大巨石有数十吨甚至上百吨重。泥石流不仅分布广泛，而且类型多样，活动频繁。造成的灾害也十分严重，泥石流灾害严重威胁着人民的生命和财产安全，给国家造成重大经济损失。一次特大型泥石流可造成上百人死亡。因此，我们要深入做好校园泥石流的防御与应对措施，确保师生的生命和财产安全。

一、泥石流灾害的特点

（一）分布广泛、类型齐全、数量大

我国位于东亚季风区，季风气候决定了我国雨季在年内的高度集中。暴雨活动的区域性决定了滑坡泥石流灾害范围广泛，使我国的滑坡泥石流灾害表现出类型多样、齐全、数量大、分布范围广的特点。

（二）突发性强、预测预报难度大

一般而言，从降雨到滑坡泥石流灾害形成一般只有几个小时，甚至在1小时以内，加之山区目前监测网站覆盖率低、雨量计太少，给预防滑坡泥石流灾害带来很大的困难。

（三）来势猛、成灾快、破坏性强

泥石流具有强大的冲毁能力，所经之处会造成毁灭性灾害。2010年8月7日22时许，甘南藏族自治州舟曲县突降强降雨，县城北面的罗家峪、三眼峪泥石流下泄，由北向南冲向县城，造成沿河房屋被冲毁，泥石流阻断白龙江，形成堰塞湖。三眼峪泥石流最大流量达1394立方米/秒，泥石流冲出山口瞬时速度达9.8米/秒，冲出堆积物量150万立方米，泥石流过程约为20分钟。

(四)季节性强、频率高

据湖南省、贵州省统计,汛期发生的滑坡泥石流灾害往往占全年滑坡泥石流灾害的90%以上,其中6—8月份发生的滑坡泥石流灾害达到80%以上。

(五)地域性明显、易发性强

西南地区、秦巴山地区、中南地区和东南沿海地区的山区滑坡泥石流灾害最为集中,而且易发性强,西北地区和青藏高原相对分散。

二、校园泥石流灾害预防机制的建立

(一)制定完善的泥石流应急预案

位于山区和泥石流高发区的学校,要制定完善的泥石流应急预案。

(二)提高安全意识和科普教育

由于泥石流多发生在偏远的山区和交通闭塞的村庄,教育设施和师资力量都比较薄弱,危机意识也淡薄,所以要提高学生的安全意识,普及科普教育。广泛宣传和普及基础防灾知识,提高学生防灾减灾意识和危机意识。科普教育不仅可以渗透进学生的课本,还可以进行丰富多彩的实践演习和生动有趣的课外模拟活动。

(三)注意泥石流前兆

河流突然断流或水势突然加大,并夹杂着较多杂草、树枝;深谷或沟内传来类似火车轰鸣或闷雷般的声音;沟谷深处忽然变得昏暗,并伴随着轻微的震动感等都可能是泥石流的前兆。

(四)泥石流多发区学生要熟悉逃生路线

在泥石流地区学习、生活的学生,要注意自己的生活环境,熟悉周围的建筑、道路,一旦发生泥石流灾害时,要熟悉自己的逃生路线,避免因为慌不择路而发生意外。

(五)加大滑坡泥石流防治试点力度

根据灾害的成因和形成环境,选择有代表性的典型小流域进行试点治理,探索防治经验,逐步扩充试点范围,全面推进滑坡泥石流的防治工作。对校园和居民点构成巨大威胁的灾害点，除加强监测预警外，应当进行工程治理，加强对工程建设项目的管理，减少人类活动对环境的破坏以及引发的灾害。

三、校园泥石流灾害的应对

（一）保持冷静，沉着应对

教师应该保持头脑清醒，有序疏导学生，如果发生在身边，不要惊慌，要求学生赶紧到坚硬的大岩石块下蹲着，因为大岩石块会挡住从山上滚下的碎石，不至于被砸伤。或者躲避在树林密集的地方，因为碎石滚落遇树就会减速，这样伤害会减小。

（二）掌握正确的逃离方法

首先，教师不能沿沟向下或向上跑，而应该向两侧山坡上跑，离开沟道、河流地带。注意不要在土质松软、土体不稳定的斜坡停留，以免斜坡失衡滑下，应选择在基底稳固又较为平坦开阔的地方停留。其次，泥石流常滞后于大雨发生，雨后不要马上返回危险区。逃生时抛弃重物。不要躲在有滚石和大量堆积的山坡下面。不要停留在低洼处，也不要爬到树上躲避。

（三）学会救护被泥石流伤害的人员

泥石流对人的伤害主要是泥浆致人窒息。将压埋在泥浆或倒塌建筑物中的伤员救出后，应立即清除口、鼻、咽喉内的泥土及痰、血等，排除体内的污水。昏迷的伤员，应使其平躺，头后仰，将舌头牵出，尽量保持呼吸道的畅通，如有外伤应采取止血、包扎、固定等方法处理，然后送医院急救。

经典案例

小学生路遇泥石流遇难

案例描述：2006 年 9 月 8 日下午 4 时 15 分左右，广东省西部某小学的学生排队回家途中，突然路边山坡出现山体滑坡，当场冲走队列里的 4 名学生。幸亏学校平时注重培养学生遇到险情时的自救和救助别人的能力，没遇险的学生并没慌张跑掉，而是一边报警，一边积极地进行现场搜救。小学生们当场救起 4 名遇险学生中的两人。但另外两名学生一人遇难、一人失踪。

案例分析：泥石流虽然流域面积小，但是暴发突然、运行速度快、危害严重，人一旦裹进泥石流，逃生机会非常渺茫。所以学校应对泥石流的危害性有充分的认识，并且采取相应的对策。

1. 校舍选址

学校校舍要建在没有泥石流威胁的安全地带，避免建在有爆发泥石流可能的山坡或山脚下，避免建在低洼地带。

2. 安全警示

学生上下学的路上如果经过可能有泥石流发生的区域，当地政府和学校要设置警示牌，同时加强对学生的安全教育，让学生在雨季提高警惕。在连降暴雨的时候，气象部门要及时发布泥石流预警。学校也要根据情况采取相应的防范措施，随时提防可能发生的泥石流灾害。

3. 预防教育

在泥石流有可能发生的地区，学校要加强针对学生的预防泥石流教育。让学生掌握预防与逃生的基本知识。例如在山区，如果连降大雨，容易爆发山洪和泥石流。如果听到异常响声，看到有石头、泥块频频飞落，向某一方向冲来，表示附近可能有泥石流袭来。如果响声越来越大，已经可以看见泥块、石头等，说明泥石流就要到来，要尽快逃生。

4. 技能训练

相关学校要组织学生进行泥石流灾害的应急演练，让学生学会泥石流发生时的逃生技巧。在泥石流发生时要选择最短、最安全的路径向沟谷两侧山坡或高地跑，切忌顺着泥石流前进方向奔跑。

5. 应急反应

泥石流灾害发生后，各级各类学校首先组织好学校内部的自救、互救，并协助救灾人员在校内的抢险救灾和受伤师生的救治、转移、运送工作中，做好受灾师生安置及心理疏导，稳定师生情绪，防止衍生灾害的发生。同时，了解灾害情况，及时向当地教育行政部门和救灾指挥部报告灾情和工作情况。

第六章　信息网络类事故的预防与应对

第一节　信息网络类事故概述

一、学校信息网络安全的内涵

随着现代社会科学技术的迅速发展,网络日趋成为人们日常工作学习中不可缺少的一部分,网络在校园里利用率的提高使得校园网络安全问题日益凸显出来。学校网络安全事故属学校安全范畴,不是通常所指的网络技术安全事故,而是特指学生因使用网络不当而导致的危及自身或他人的身心、财产,危及社会的现象。

二、校园信息网络事故的特点

(一)危害大,影响深远

网络上的不良信息带给青少年的危害是不可想象的,既存在对青少年自身身心健康的精神层面的危害,也包括财产等物质层面的危害。

1. 身心安全

当前大部分青少年为了追求刺激,宁愿去空气污浊、噪声严重的网吧上网,而一些“黑”网吧,无视网吧内部安全设施的建设,存在严重的火灾隐患。

长时间待在电脑前会受到大量的辐射。同时也会导致精神的高度紧张,这些都会使青少年生理机能严重失调、神经系统的正常规律被严重破坏,引起内分泌极度紊乱等生理疾病。

网上流行的不良信息会对青少年的人生观和价值观的形成造成误导。

2. 财产安全

网络是一个虚拟的开放的空间,匿名交往让某些人肆无忌惮,蓄意发布虚假信息或有害信息,让身心不成熟、判断能力很弱的青少年难以辨别真伪。QQ、MSN 等网络聊天方式、各种网络会员的注册等都需要填写详实的个人信息,如学校名称、家庭住址、手机号码、身份证号、照片等,甚至会有涉及父母的联系方式等更为私密的信息。而很多青少年毫不防备地把自己的个人信息全都如实填写,或者在他人询问时如实相告。而一些人或网站正是利用这些套取的个人隐秘信息或从他处购买来的个人信息进行诈骗等非法活动,对上网的青少年及其家庭带来财产方面的损失。

(二)事故发生地点多在校外

在对事故发生地点的研究分析中发现,发生在校内的网络安全事故很少,而绝大部分的校园安全事件发生在校外或者说是校园的周边地区,需要引起有关部门的高度重视。

(三)男生比例显著高于女生

学校网络安全事故的发生在性别上呈现出很明显的特征,即男生因为上网不当而发生安全事故的比例远远高于女生,这也是校园网络事故中一个重要的不可忽视的特点。

(四)事故表现形式多样

学校网络安全事故的表现形式多种多样,仅从问卷调查涉及的构成犯罪的网络安全事故来看,就表现为拐卖、贩毒、盗窃、抢劫、强奸、诈骗、杀人、伤害等,其中抢劫、盗窃、强奸所占比例较大,此外,自杀、离家出走也是很普遍的事故表现形式。表现形式多样性的特点也增加了我们的预防和干预工作的难度,需要我们针对具体问题进行具体分析,因地制宜地处理不同形式的网络安全事故。

三、校园信息网络事故的原因

(一)个人因素

1. 心理特征

从总体来看,学生正处于精力旺盛的青春期阶段,处于这一阶段的青少年的心理特征主要包括:强烈的好奇心理,爱好模仿,富于冒险精神,头脑灵活多变,对于新鲜事物的接受能力很强。而网络作为一个新鲜事物,其内容的丰富性、平台的开放性、信息的快捷性、娱乐的互动性正好满足了青春期学生的心理需求。由于青少年学生的心理与生理发展存在不平衡性,社会阅历浅,缺乏辨别是非的能力,使得一些学生无法对虚拟世界的人和事进行正确而又精准的分辨,这就很容易被居心不良的不法之徒利用。因此,这一心理特征导致了网络安全事故的频频发生。

2. 法制道德观念淡薄

由于一些学生的道德观念较弱，法制观念淡薄，法律意识不强，不仅使其对网上虚拟世界失去了道德与法律的自我约束，也使其在网络现实生活中或为满足上网的极度需求，或受网络不良内容影响，做出种种危害他人和社会的违法犯罪行为，也使学校安全事故表现形式呈多样性。法制观念的淡薄也是造成学校网络安全的重要因素之一。

（二）家庭因素

1. 家庭管教不适当

父母是孩子最重要的老师，孩子的教育问题，父母应该肩负起重要而又不可替代的任务。有些家长对孩子十分溺爱，疏于管教，极少过问不当上网行为，在经济上无限制地满足其不合理需求，最终导致对孩子的上网行为失去控制。有些家庭对孩子管教十分严厉，对孩子的期望值过高，导致孩子自暴自弃、心理逆反，亲子间无法有效地进行交流，孩子自然容易到虚拟的网络世界去寻找寄托。还有一些家庭管教方式不合理，甚至极其粗暴无理，把孩子当做自己的撒气筒，经常使用家庭暴力，甚至虐待孩子，在这种环境下成长起来的孩子大多性情粗野，喜好打斗，因此在其过多接触暴力型网络游戏后，便会模仿网络血腥游戏中的粗暴行为。

2. 缺少家庭温暖

近年来，家庭作为一个集体不再像以前那么巩固和坚实，大量的“问题家庭”在现代社会中凸显出来，如父母长期外出经商或打工的“留守家庭”、父母离异或一方死亡的“单亲家庭”，父母关系不和的家庭等。生活在这些家庭的孩子大多得不到正常家庭的温暖，在上网问题上缺乏父母的正确引导。这就导致了一些青少年无法正确对待网络问题，从而走向了犯罪的道路。

（三）学校因素

1. 管理因素

就上网安全教育相当薄弱这一点来说，师生对于网上不良内容的认知及倾向性存在差异。许多学生都曾无意间浏览过不良内容，相比较而言，绝大部分教师只是听说而已，还有近半数教师不知有网上不良内容之说。对教师进行问卷调查时，许多教师表示“根本不懂”。在对网上不良内容的认知上，教师没有起到很好的引导作用,这就会使得辨别是非能力很弱的青少年容易对网络上各种各样的信息产生错误的认识和错误的接受。

2. 技术因素

操作系统、防火墙等软件本身的漏洞;加密和解密、入侵监测等技术产品的不完善;病毒的层出不穷;黑客程序在网络上的肆意传播等。这种技术上的因素直接导致了那些不良信息肆意入侵我们青少年的上网环境。因此,不断地改进技术,来提高网络合理利用率,给学生一个安全绿色的上网环境,是网络技术工作者和教育工作者义不容辞的责任。

3. 人为因素

学生有网络安全技术的挑战欲望,想利用攻击网络而出名,对校园网络充满了好奇心。

(四)社会因素

1. 不良的社会风气

不良的社会风气,不能为孩子们形成一个良好的道德环境,使得学生失去辨别是非的能力,沉迷于网络的虚拟世界,影响了青少年的健康成长。

2. 不良的网吧环境

网吧的不良环境是网络安全事故的重要因素,也是学校网络安全事故多发生在校外这一特点的原因之一。学生在网吧上网,一方面,时间和内容上都不会被家长监督,也不会受到任何限制,上网较为自由;另一方面,网吧是人员混杂之地,并不适合心智不成熟的学生进入。这种现象直接导致了网络安全事件的频繁发生。

第二节　学生沉溺网络的预防与应对

一、学生沉迷网络的原因及危害

(一)学生沉迷网络的原因

1. 青少年的心理特点

青少年学生正处于情绪不稳定的时期。他们的大脑兴奋与抑制不平衡,判断事物往往感情色彩太浓,情绪很容易偏激、好奇、敏感,尤其喜欢争强斗胜,缺乏意志力，同时自我意识的觉醒和成人感的确立，使很多青少年有了一定的叛逆心理，希望寻求属于自己的独立空间。与此同时，他们对未来充满了渴望与期待，富有理想，但往往知识贫乏、辨别真假是非的能力很弱，对一些不正确的宣传、不健康的思想缺乏正确分析、客观判断的能力，经常会分不清是非。因此，这一阶段的青少年十分容易沉迷于虚拟的网络世界而无法自拔。

2. 家庭教育的不适当

家长忽略对孩子的监管力度，忽略了对孩子的思想和价值观进行正确地引导，大多数家长由于工作过于忙碌，很少去关心孩子们的思想和心理。他们给予孩子的支持往往就是金钱与实物，而这些支持却成了青少年们沉迷网络的主要支持，也成为青少年沉迷网络现象的一个主要外在因素。

3. 校园周边社会环境不良，存在违法经营的“黑”网吧

虽然国家正式立法并明确要求禁止18周岁以下的学生进入网吧上网，但在学校周边的一些偏僻地域，仍然存在着一些无视国家法律规定，纵容学生进入的“黑”网吧。他们无视国家法律，不仅不制止未成年的中学生进入网吧上网，甚至还会提供通宵上网优惠以及代为购买夜宵等便利服务，想方设法引诱中学生上网。

4. 学习压力大

为了考上理想的大学，学生们在正常的课程以外还要奔波于各种各样的辅导班，使他们的身心在经历了一天疲惫后却不能得到合理的休息。这就使得他们的压力越加增大，甚至给他们的心灵造成了极大的伤害。学习上的压力也促使孩子们从网络的虚拟世界中去寻找解压的方式，从而使得很多学生沉迷于网络世界而不能自拔。

（二）学生沉迷网络的危害

1. 学习成绩急剧下降

过于沉迷于网络的青少年，常常游离于课堂，上课做白日梦，沉迷在网络的虚拟空间中，根本无心学习，以致于成绩下滑。

2. 身心健康发展受影响

（1）身体方面。长期沉迷于网络游戏，不仅会遏制儿童左前脑的正常发育，而且特别影响儿童的早、中期智力发育。长时间地坐于电脑前会导致植物神经紊乱，体内激素水平失衡，使免疫力下降，引发各种疾病。由于恐怖或过度刺激镜头频繁，超过青少年所能承受的限度，导致他们情绪不稳定、失眠，甚至

还有可能导致神经衰弱症。

(2)心理方面。沉迷网络对于青少年形成正确的人生观、价值观、道德观有着重要的影响。在网络游戏世界中，他们可以随心所欲，为所欲为，语言恶俗，尔虞我诈，勾心斗角，弱肉强食，想砍就砍，想杀就杀，拉帮结派，逐渐模糊了道德认知，模糊了虚拟世界与现实生活的差异。

二、学生沉迷网络的预防

(一)学习迁移法

心理学认为，两种学习之间有一定的相同因素时可以互相影响，一种学习对另一种学习的影响叫做迁移。学生之所以沉迷网络游戏中，是因为网络游戏能够满足学生在现实生活中体验不到的自我成就感、自我价值感。从某种角度来说，网络游戏本身也是一种学习，如果把这种学习迁移到现实生活中能让他们感到成功的地方，那么就可以使他们逐步摆脱对网络游戏的沉迷。而一个人的兴趣、爱好或专长往往是其最容易获得成功的地方，发掘学生的其他兴趣、爱好或专长，并及时加以发挥，就可能使他们在现实中获得成功，体验现实中的成就感，从而发生兴趣迁移，矫正其网瘾。

(二)倾听疏导法

教师和家长要转变传统的教育观念，放下权威人物的架子，多与学生进行互相尊重的平等交流，多给学生说话机会，多倾听学生的心声，少些要求、命令与责备，在倾听过程中适当做些心理疏导。当一个人被人倾听时，会感觉到安慰、理解和平等，同时平等的交流能形成主体意识的自我教育环境，这种自我教育能增强学生的自我评价能力和自我调控能力，给学生更多的自主与自由的空间，增强学生自主和尊重感。

(三)转变教学理念与手段，营造良好学习氛围

教师应设法积极学习和吸收新的教学理念，创新教学手段，灵活处理教材，吸引和提高学生的学习兴趣，面向全体学生，营造积极向上的良好学习氛围。

(四)对学生进行心理辅导

(1)针对全体在校中学生开设相应的学校心理辅导活动课程。内容可以包括：学会勇敢面对挫折；怎样与人建立健康的人际关系；怎样与家长沟通；培

养健康的兴趣爱好;树立正确的世界观、人生观、价值观;辩证地看待网络游戏等。这些课程可以帮助青少年自觉抵制不良网络游戏的诱惑,合理利用网络帮助自身成长。

(2)对于部分已经沉迷于网络游戏的学生,可采取个别辅导手段,逐步引导其远离网络游戏。当然,对于情节特别严重的学生,要建议家长请专业的医生或网络问题专家帮忙解决。

(五)加强防范意识,改善教育方法

网络是一把“双刃剑”,网络从某种意义上说是一个信息的堆积场,学术信息、娱乐信息、经济信息以及各种各样的黄色、暴力信息往往同时并存。青少年在信息高速公路上驰骋的时候,倘若不以客观的态度对待滚滚而来的信息快餐,而一味地接受,可能对其思维方式、人格发展等造成极大的负面影响。对此,家长和学校应予以高度重视,对其上网应提出必要的约束条件。对他们实行公开上网、限时上网,并有目的地培养其监控能力和良好的上网习惯。

(六)加强网络立法,抑制网络糟粕

目前我国理论界对未成年人网络保护立法的呼声很高,但至今仍未有一部未成年人网络保护法。因此,应加快未成年人网络保护法的立法进程,使网络运营做到有法可依,是防治青少年沉迷于网络的根本途径。

立法是目前约束网络糟粕泛滥的较为有效的方法,但它不是万能的。当上网者与网吧经营者的利益趋于一致时,他们会联合规避政府的监管,绕开法律的束缚。因此,对青少年沉迷于网络的防治,还应重视社会力量的作用,应积极发动社会力量共同防治。

(七)丰富学生的课余生活

学校和社会应当针对未成年学生开展丰富多彩的课外文体及实践活动,一方面可以加强学生的知识面,开阔学生的眼界、培养学生的文化素质,另一方面也可以转移部分问题学生对网络游戏的注意力。

(八)大力整治校园周边社会环境

坚决取缔和清理整顿学校及周边非法经营的网吧、电子游戏室、录像厅、歌舞厅、无证经营的饮食和食品及生活用品摊点、出租房屋和违章建筑等。

三、学生沉迷网络的应对措施

青少年沉溺于上网,尤其是黄色网站,危害极大。对此,家长以及学校要积极加以教育、引导。面对那些已经沉迷于网络的青少年,我们需要从以下几个方面去应对:

(一)采取有效措施去转移孩子对网络的注意力,将求知欲引向正确的轨道

家长和老师应设法引导青少年的求知方向。帮助青少年培养积极向上的理想目标,培养其高尚的情操,加强其自控力。作为学校来说,可以经常地开展各种文体活动,长期主办各种兴趣小组,针对学生的特长与兴趣,举办各种特色培训班,积极鼓励其参加社会实践活动和各种有益的夏令营等。有意识地将青少年的视线从网络上转移。

(二)开展正常的性知识教育,消除青少年性苦闷问题和对性所产生的那种神秘感

家长和老师可通过适当方式,对其进行一些性知识的教育讲解。对于孩子在成长过程中出现的性生理现象和性困惑,不可因觉得不便谈而敷衍了事。在性教育方面,学校应及时开设正式的性知识教育课,以消除青少年对性的神秘感和性苦闷。使青少年对性有正确的认识,以消除其对黄色网站的热衷。从而可解救那些沉迷于网络色情的青少年,使他们能够健康快乐地成长。

(三)父母积极主动与孩子进行平等的交流沟通,从精神和心理上加强对孩子的关心

家长应该积极与孩子进行平等的交流沟通,主动去了解他们的内心世界,了解孩子所需所想,给孩子以精神上的关怀、理解与安慰。如家长可经常与孩子聊孩子感兴趣的事情,共同参与孩子感兴趣的有意义的活动,尊重孩子的认知,满足孩子对精神之爱的需求,就能减少孩子上网的欲望。

(四)青少年应加强形成自身良好的心理品质与自我控制力

首先,青少年应树立一个坚定正确的奋斗目标,以此为动力,培养自己的控

制力与忍耐力。加强自身情操的陶冶,对一些生活中的困惑,积极与外部沟通,寻求父母、老师、朋友等外部支持。青少年如想上网,可有意识地转移目标,如去图书馆看书,参加一些自己热爱的活动。如不能立即戒掉网瘾的话,可逐步减少上网的次数与时间。上网时,应有意识地克服自己的好奇心和欲望,避免上黄色网站。如自己难以控制自己,还可让家长参与进来监督自己。

(五)教育者要有正确的网络意识,以帮助学生澄清对网络的误解

首先,网络可以让我们获取大量信息,但它不是用来“教”科学的,而是用来“创造”科学的,如果认为有了电脑的帮助就能使成绩提高,那是完全错误的。有研究表明,如果为了“玩”或演算习题而使用电脑,其成绩会下降0.6%。正如美国儿童电脑教学课程大师毛尔科维奇所说:“先进工业国,如美国和德国,所犯下的最大错误就是以为电脑可以代替教师。到了最后,他们才逐渐明白,人才是最好的教育工具。”

其次,帮助学生认清,上网绝不是一种脱离现实的绝对自由的活动,它是一种社会行为,虽然人与人之间不能面对面,但如果大家都想从网上得益,就需要遵守起码的规则,具有“网络兴亡,匹夫有责”的意识。

经典案例

网瘾导致失学案

案例描述:某校八年级学生李某,父母离异后逐渐养成了上网的不良习惯。2007年“十一”长假之后,李某返校一天就打电话给家里谎称头痛,却与另一同学出去泡在网吧。在家长和老师的多方寻找后回到学校。返回学校后,学校领导、班主任对李某做了细致的思想教育,李某也做了保证。但李某第三天起床后,又悄悄翻越围墙溜出了学校,早操时班主任发现其不见了,迅速与家长联系并上报学校。班主任和相关领导通过QQ查到他所在的网吧,凌晨一点,将其找到。鉴于该同学连续违纪,学校要求家长多教育开导,思想通了再送回学校。家长管教了三天,李某于周日回到了学校,结果到校后又从一个同学那里强行要走200元钱,随后逃离学校。李某经学校多次教育仍不改正,后自动离校。离校后,李某经常因为上网的费用而实施偷、骗、诈的行为。

案例分析:对于有网瘾的学生,必须要由家庭、学校和社会密切配合,共同

对这些学生进行矫治。但在本案中,学校和班主任教师对学生进行了深入细致的工作,但是由于家庭教育和校外教育的缺失,使矫治的效果并不好,甚至有愈演愈烈的趋势。

1. 家庭教育的缺失是李某网瘾难以矫治的重要原因

在本案中,李某生活在单亲家庭之中,监护其成长的监护人对其不良行为缺乏有效的管教,没有尽到监护人的职责,这是李某网瘾难以戒除的重要原因。

2. 社会不良环境是李某网瘾难以矫治的外界条件

根据有关的法律法规,网吧不允许未成年人进入。而在本案中,李某在当地多家网吧出入,甚至整夜泡在网吧,既说明网吧违法经营,也说明当地有关政府部门没有尽到相应的监管责任。

3. 创设良好的成长环境是青少年远离网瘾的保障

从上面的案例我们看到,使青少年远离网瘾,单单只有学校一方的努力是不够的。家庭教育、学校教育和社会教育要密切配合,利用多种形式,采取多种方式,针对不同类型的网瘾学生采用不同的教育方法,才能取得实效。

第三节　网络色情信息的预防与应对

一、网络色情信息的危害

(一)对青少年的学业产生严重的影响

迷恋网络色情对青少年突出的影响是荒废学业。网络色情信息肆无忌惮地传播,使那些辨别是非能力不强的青少年耗用了大量时间,从而严重影响了他们正常的学业。

(二)危及青少年的人身安全甚至生命

某些有组织的色情制造和传播者利用网络聊天室诱骗青少年,提供各种有偿的性服务,对青少年的人身安全甚至是生命构成了极大的威胁。

(三)导致全社会的道德紊乱与沦丧

网络色情信息及其中渗透的色情思想的长期影响,会导致人们的心理不健康,进而导致道德紊乱与沦丧。

二、网络色情信息的预防措施

网络色情是个社会顽疾，绝非一时可以根除。为了尽可能高度有效地治理网络色情，就需要构建政府、家庭、社会和学校协调互动、四位一体的综合治理新模式，明确责任，多管齐下，标本兼治，使网络色情治理工作不留空白和盲点，切实提高治理实效。尽管限制网络色情难度很大，但对于中国来说，采取各种手段尽量遏制网络色情的蔓延之势，以降低其对社会的危害，有必要也有可能。

（一）明确政府的主体责任和主导地位

在我国推进信息化过程中，网络建设工作强烈呼唤着政府干预。政府有责任进一步加强网络规范管理、网络执法能力建设，切实履行公共管理职责，强化政府在网络色情治理工作格局中的主体责任和主导地位。要从根本上治理互联网和手机媒体色情及低俗信息，政府必须加强网络监管立法，制定专门的互联网内容管制法，确定专门监管机构，明确网络色情治理标准，全面净化互联网和手机媒体环境，为广大青少年和所有网络受众营造健康绿色的网络环境。

（二）突出家庭教育环境的基础性地位

家庭环境是青少年成长的基础环境。每一个家庭都要积极并且正确地对待网络问题，不能一味地排斥网络，而应对网络在教育中的作用有正确的认识和客观的评价。首先，家庭要关注孩子的网络生活，监控孩子的上网行为，注意培养孩子使用网络的自制力，规范孩子的上网行为，引导青少年健康上网。其次，积极建立和谐的代际关系，和孩子保持良好的沟通，多带孩子接触社会、适应社会，以免孩子沉溺于虚拟世界的不良信息而不能自拔。再次，学习运用网络，学会使用过滤软件，主动加强与学校之间的联系，及时寻求学校的指导与帮助，提高家庭教育质量。

（三）彰显学校教育中的网络伦理教育

因互联网的迅猛发展而带来的网络伦理的缺位，使学校教育猝不及防，至今依然还没有引起各级学校的重视，认识不足，行动迟缓。作为校方应该承担起这份责任，学校首先应加大校园网络建设力度，给学生自由上网的时间和空间，把学生留在校内上网，避免因在网吧上网受到网络色情的污染，规范网络使用行为。其次，学校教育中应突出网络伦理教育，开展网络道德和法制教育，引导学生健康地使用网络，树立正确的网络观，形成科学的网络认知，增强青少年抵制不良信息诱惑的能力,养成学生科学、文明、健康的上网习惯;再次,学校应高度关注有重度网瘾的学生,多给予关心与帮助,绝对不能不管不问,任其发展,还要加强与家长的协作,共同教育学生,帮助学生走出网络的泥潭。

(四)建立全民参与的综合治理新机制

网络色情严重影响了青少年的身心健康和人民群众的根本利益,因此防范和打击网络色情不仅仅是政府执法部门的事,而且也是广大人民群众自己的事。整个社会都应该高度重视网络色情的严重危害性,发挥社会各界的力量去营造一个使网络色情无处容身的健康的网络世界,给孩子一片绿色空间。所以,必须建立全民参与的综合治理工作机制,形成网络色情治理的长效机制。实行公民举报奖励机制,鼓励公民检举揭发色情网站,设立举报热线、举报信箱,方便网民、群众举报。同时,加大警力、财力投入,及时受理举报信息,及时立案查处,对举报的色情网站或网页给予坚决的封堵、查处,对色情网站或网页的经营者进行坚决的打击,坚决堵住网络不良信息的来源。

(五)积极寻求网络色情问题控制的国际合作

网络色情问题是一个全球性问题,已经在全球形成了非常严重的影响。控制网络色情是一项利国利民、造福子孙后代的事业。因此,国际社会有义务共同努力,积极合作用心来完成这一国际重任。现在,国际万维网联合会制定在互联网上实行信息技术分级的技术标准,称“互联网内容选择平台”(Platform of Internet Content Selection),要求全国各个互联网信息发布机构、互联网服务提供机构、互联网监控机构对不良信息进行分类筛选,以方便将相关内容进行识别和过滤,避免不良信息在互联网上传播。

三、网络色情文学的应对措施

(一)明确运营商责任

从全国依法打击网络淫秽色情专项行动以来,我国的基础电信运营商用信息安全“问责制”来应对网络色情问题,在各自运营的固定、移动网络平台上依法强化对不良信息的监控和打击力度,合力围剿网络色情。目前,各基础电信运营企业已经与当地通信管理局、公安等部门建立了协同工作流程,配合相关部门协查和关闭非法及未备案网站。

（二）鼓励青少年网民要加强自身素质的培养，坚决抵制网络色情的诱惑

根据搜索引擎门户网站“雅虎”的统计，“sex”是网络用户在互联网络上搜索频率最高的前六个词之一，并认为很多网络用户对性和色情信息的查询远远多于其他信息的搜索。网络色情的制造者、传播者固然可恶，但众多网民尤其是青少年网民对网络色情信息、色情服务的狂热追逐说明了青少年网民自身素质的低下。对于自控能力差、识别能力差的青少年网民来说，网络色情犹如吸毒，一旦沾上便难以摆脱。我们要大力倡导网络文明，教育引导青少年不断加强自身素质的培养，形成良好的上网习惯，坚决抵制网络色情的诱惑。

（三）清剿色情网站

毒有毒源，黄毒的来源就是色情网站。政府应加大对色情网站的查处力度，掐断色情传播的源头。网络监管部门应加强互联网信息服务单位、广告商的管理和检查，严查主机托管业务不备案或者备案不完整，严查网管人员知情不报甚至知情包庇，建立规范有效的互联网接入管理体制。

治理网络色情，需要明确网络、电信运营商的管理责任，加强对电信运营商、电信增值服务商的监管，依法严厉打击直接从事制作、传播淫秽色情信息的增值服务商和手机网站，依法追究为色情网站提供建站、网络接入、增值服务、广告推广、手机网站联盟、代收费服务的运营商和第三方支付企业的相关法律责任，斩断手机淫秽色情网站的获利渠道。

（四）取缔经营性网吧

网吧是我国互联网建设过程的产物。由于监管不力，当前各地“黑”网吧随处可见，依然能看到未成年人出入。一些注册的网吧为了利益，容忍网民上网查看或传播不法信息，甚至提供色情视频或色情网站。网吧已经成为继游戏厅之后，影响青少年成长问题的又一顽疾，且来势凶猛。从网吧上网者来源分析，我们知道中小学生不允许上网吧，成年人不会去网吧。网吧已经完成了它的历史使命，应该退出历史的舞台了。因此，政府应切实负起管理责任，加大对黑网吧的治理力度，取缔社会经营性网吧，还青少年一个健康的生活环境。

（五）强化社区、行业协会的社会责任

社会是一个大环境，网络色情治理工作离不开全社会的共同努力。中共中

央、国务院在《关于进一步加强和改进未成年人思想道德建设的若干意见》中明确要求："社区内，要有组织地建设一批非营业性的互联网上网服务场所，为未成年人提供健康有益的绿色网上空间。"通过社区创办非经营性网吧，让孩子在他们熟悉的环境中上网，把孩子留在社区，规范上网行为，有利于孩子们的健康成长。同时，借鉴美国、加拿大的互联网管理模式，支持和协调行业协会并制定相应的自律规则，引导行业协会加强自律，鼓励服务商对网站内容进行分级和过滤，开发防火墙和各种过滤软件，与社会、学校、家庭共同努力，提高未成年人自我防范意识，共同保护青少年免受网络色情的侵害。全社会每一个人都应加强对网络文明建设的引导，坚决不准未成年人进入营业性网吧，推进整个互联网站的自律建设。

经典案例

陨落的花儿

案例描述：高一学生王某，在网吧看了一部黄色录像后，刺激得热血沸腾，无法控制自己，他想到比他大两岁的堂姐一人在家，顿生歹念，就找了一个借口到堂姐家，趁堂姐不注意，王某从堂姐身后用双手紧紧扼住她的脖子，致其窒息，而后强奸了堂姐，并用菜刀在堂姐脖子上猛砍数十下，杀人灭口，随后又翻箱倒柜，抢走金首饰，从而犯下了强奸、故意杀人、抢劫的弥天大罪。

案例分析：这是一起网络色情毒害青少年，诱发犯罪的案例。小小少年，在原始的本能受到不良诱惑后，急于找到宣泄的对象，一阵血雨腥风之后，等待他的将是漫长的刑期。黄魔毁了两个年轻人的青春，毁灭了两个家庭的幸福，凝重的血腥令人窒息。

附　录

中华人民共和国突发事件应对法

（2007 年 8 月 30 日第十届全国人民代表大会常务委员会
第二十九次会议通过
2007 年 8 月 30 日中华人民共和国主席令第六十九号公布
自 2007 年 11 月 1 日起施行）

第一章　总　则

第一条　为了预防和减少突发事件的发生，控制、减轻和消除突发事件引起的严重社会危害，规范突发事件应对活动，保护人民生命财产安全，维护国家安全、公共安全、环境安全和社会秩序，制定本法。

第二条　突发事件的预防与应急准备、监测与预警、应急处置与救援、事后恢复与重建等应对活动，适用本法。

第三条　本法所称突发事件，是指突然发生，造成或者可能造成严重社会危害，需要采取应急处置措施予以应对的自然灾害、事故灾难、公共卫生事件和社会安全事件。

按照社会危害程度、影响范围等因素，自然灾害、事故灾难、公共卫生事件分为特别重大、重大、较大和一般四级。法律、行政法规或者国务院另有规定的，从其规定。

突发事件的分级标准由国务院或者国务院确定的部门制定。

第四条　国家建立统一领导、综合协调、分类管理、分级负责、属地管理为主的应急管理体制。

第五条　突发事件应对工作实行预防为主、预防与应急相结合的原则。国家建立重大突发事件风险评估体系，对可能发生的突发事件进行综合性评估，减少重大突发事件的发生，最大限度地减轻重大突发事件的影响。

第六条　国家建立有效的社会动员机制，增强全民的公共安全和防范风险的意识，提高全社会的避险救助能力。

第七条 县级人民政府对本行政区域内突发事件的应对工作负责；涉及两个以上行政区域的，由有关行政区域共同的上一级人民政府负责，或者由各有关行政区域的上一级人民政府共同负责。

突发事件发生后，发生地县级人民政府应当立即采取措施控制事态发展，组织开展应急救援和处置工作，并立即向上一级人民政府报告，必要时可以越级上报。

突发事件发生地县级人民政府不能消除或者不能有效控制突发事件引起的严重社会危害的，应当及时向上级人民政府报告。上级人民政府应当及时采取措施，统一领导应急处置工作。

法律、行政法规规定由国务院有关部门对突发事件的应对工作负责的，从其规定；地方人民政府应当积极配合并提供必要的支持。

第八条 国务院在总理领导下研究、决定和部署特别重大突发事件的应对工作；根据实际需要，设立国家突发事件应急指挥机构，负责突发事件应对工作；必要时，国务院可以派出工作组指导有关工作。

县级以上地方各级人民政府设立由本级人民政府主要负责人、相关部门负责人、驻当地中国人民解放军和中国人民武装警察部队有关负责人组成的突发事件应急指挥机构，统一领导、协调本级人民政府各有关部门和下级人民政府开展突发事件应对工作；根据实际需要，设立相关类别突发事件应急指挥机构，组织、协调、指挥突发事件应对工作。

上级人民政府主管部门应当在各自职责范围内，指导、协助下级人民政府及其相应部门做好有关突发事件的应对工作。

第九条 国务院和县级以上地方各级人民政府是突发事件应对工作的行政领导机关，其办事机构及具体职责由国务院规定。

第十条 有关人民政府及其部门作出的应对突发事件的决定、命令，应当及时公布。

第十一条 有关人民政府及其部门采取的应对突发事件的措施，应当与突发事件可能造成的社会危害的性质、程度和范围相适应；有多种措施可供选择的，应当选择有利于最大限度地保护公民、法人和其他组织权益的措施。

公民、法人和其他组织有义务参与突发事件应对工作。

第十二条 有关人民政府及其部门为应对突发事件，可以征用单位和个人的财产。被征用的财产在使用完毕或者突发事件应急处置工作结束后，应当及时返还。财产被征用或者征用后毁损、灭失的，应当给予补偿。

第十三条 因采取突发事件应对措施,诉讼、行政复议、仲裁活动不能正常进行的,适用有关时效中止和程序中止的规定,但法律另有规定的除外。

第十四条 中国人民解放军、中国人民武装警察部队和民兵组织依照本法和其他有关法律、行政法规、军事法规的规定以及国务院、中央军事委员会的命令,参加突发事件的应急救援和处置工作。

第十五条 中华人民共和国政府在突发事件的预防、监测与预警、应急处置与救援、事后恢复与重建等方面,同外国政府和有关国际组织开展合作与交流。

第十六条 县级以上人民政府作出应对突发事件的决定、命令,应当报本级人民代表大会常务委员会备案;突发事件应急处置工作结束后,应当向本级人民代表大会常务委员会作出专项工作报告。

第二章 预防与应急准备

第十七条 国家建立健全突发事件应急预案体系。

国务院制定国家突发事件总体应急预案,组织制定国家突发事件专项应急预案;国务院有关部门根据各自的职责和国务院相关应急预案,制定国家突发事件部门应急预案。

地方各级人民政府和县级以上地方各级人民政府有关部门根据有关法律、法规、规章、上级人民政府及其有关部门的应急预案以及本地区的实际情况,制定相应的突发事件应急预案。

应急预案制定机关应当根据实际需要和情势变化,适时修订应急预案。应急预案的制定、修订程序由国务院规定。

第十八条 应急预案应当根据本法和其他有关法律、法规的规定,针对突发事件的性质、特点和可能造成的社会危害,具体规定突发事件应急管理工作的组织指挥体系与职责和突发事件的预防与预警机制、处置程序、应急保障措施以及事后恢复与重建措施等内容。

第十九条 城乡规划应当符合预防、处置突发事件的需要,统筹安排应对突发事件所必需的设备和基础设施建设,合理确定应急避难场所。

第二十条 县级人民政府应当对本行政区域内容易引发自然灾害、事故灾难和公共卫生事件的危险源、危险区域进行调查、登记、风险评估,定期进行检查、监控,并责令有关单位采取安全防范措施。

省级和设区的市级人民政府应当对本行政区域内容易引发特别重大、重大突发事件的危险源、危险区域进行调查、登记、风险评估，组织进行检查、监控，并责令有关单位采取安全防范措施。

县级以上地方各级人民政府按照本法规定登记的危险源、危险区域，应当按照国家规定及时向社会公布。

第二十一条 县级人民政府及其有关部门、乡级人民政府、街道办事处、居民委员会、村民委员会应当及时调解处理可能引发社会安全事件的矛盾纠纷。

第二十二条 所有单位应当建立健全安全管理制度，定期检查本单位各项安全防范措施的落实情况，及时消除事故隐患；掌握并及时处理本单位存在的可能引发社会安全事件的问题，防止矛盾激化和事态扩大；对本单位可能发生的突发事件和采取安全防范措施的情况，应当按照规定及时向所在地人民政府或者人民政府有关部门报告。

第二十三条 矿山、建筑施工单位和易燃易爆物品、危险化学品、放射性物品等危险物品的生产、经营、储运、使用单位，应当制定具体应急预案，并对生产经营场所、有危险物品的建筑物、构筑物及周边环境开展隐患排查，及时采取措施消除隐患，防止发生突发事件。

第二十四条 公共交通工具、公共场所和其他人员密集场所的经营单位或者管理单位应当制定具体应急预案，为交通工具和有关场所配备报警装置和必要的应急救援设备、设施，注明其使用方法，并显著标明安全撤离的通道、路线，保证安全通道、出口的畅通。

有关单位应当定期检测、维护其报警装置和应急救援设备、设施，使其处于良好状态，确保正常使用。

第二十五条 县级以上人民政府应当建立健全突发事件应急管理培训制度，对人民政府及其有关部门负有处置突发事件职责的工作人员定期进行培训。

第二十六条 县级以上人民政府应当整合应急资源，建立或者确定综合性应急救援队伍。人民政府有关部门可以根据实际需要设立专业应急救援队伍。

县级以上人民政府及其有关部门可以建立由成年志愿者组成的应急救援队伍。单位应当建立由本单位职工组成的专职或者兼职应急救援队伍。

县级以上人民政府应当加强专业应急救援队伍与非专业应急救援队伍的合作，联合培训、联合演练，提高合成应急、协同应急的能力。

第二十七条 国务院有关部门、县级以上地方各级人民政府及其有关部门、有关单位应当为专业应急救援人员购买人身意外伤害保险，配备必要的防护装备和器材，减少应急救援人员的人身风险。

第二十八条　中国人民解放军、中国人民武装警察部队和民兵组织应当有计划地组织开展应急救援的专门训练。

第二十九条　县级人民政府及其有关部门、乡级人民政府、街道办事处应当组织开展应急知识的宣传普及活动和必要的应急演练。

居民委员会、村民委员会、企业事业单位应当根据所在地人民政府的要求，结合各自的实际情况，开展有关突发事件应急知识的宣传普及活动和必要的应急演练。

新闻媒体应当无偿开展突发事件预防与应急、自救与互救知识的公益宣传。

第三十条　各级各类学校应当把应急知识教育纳入教学内容，对学生进行应急知识教育，培养学生的安全意识和自救与互救能力。

教育主管部门应当对学校开展应急知识教育进行指导和监督。

第三十一条　国务院和县级以上地方各级人民政府应当采取财政措施，保障突发事件应对工作所需经费。

第三十二条　国家建立健全应急物资储备保障制度，完善重要应急物资的监管、生产、储备、调拨和紧急配送体系。

设区的市级以上人民政府和突发事件易发、多发地区的县级人民政府应当建立应急救援物资、生活必需品和应急处置装备的储备制度。

县级以上地方各级人民政府应当根据本地区的实际情况，与有关企业签订协议，保障应急救援物资、生活必需品和应急处置装备的生产、供给。

第三十三条　国家建立健全应急通信保障体系，完善公用通信网，建立有线与无线相结合、基础电信网络与机动通信系统相配套的应急通信系统，确保突发事件应对工作的通信畅通。

第三十四条　国家鼓励公民、法人和其他组织为人民政府应对突发事件工作提供物资、资金、技术支持和捐赠。

第三十五条　国家发展保险事业，建立国家财政支持的巨灾风险保险体系，并鼓励单位和公民参加保险。

第三十六条　国家鼓励、扶持具备相应条件的教学科研机构培养应急管理专门人才，鼓励、扶持教学科研机构和有关企业研究开发用于突发事件预防、监测、预警、应急处置与救援的新技术、新设备和新工具。

第三章 监测与预警

第三十七条 国务院建立全国统一的突发事件信息系统。

县级以上地方各级人民政府应当建立或者确定本地区统一的突发事件信息系统，汇集、储存、分析、传输有关突发事件的信息，并与上级人民政府及其有关部门、下级人民政府及其有关部门、专业机构和监测网点的突发事件信息系统实现互联互通，加强跨部门、跨地区的信息交流与情报合作。

第三十八条 县级以上人民政府及其有关部门、专业机构应当通过多种途径收集突发事件信息。

县级人民政府应当在居民委员会、村民委员会和有关单位建立专职或者兼职信息报告员制度。

获悉突发事件信息的公民、法人或者其他组织，应当立即向所在地人民政府、有关主管部门或者指定的专业机构报告。

第三十九条 地方各级人民政府应当按照国家有关规定向上级人民政府报送突发事件信息。县级以上人民政府有关主管部门应当向本级人民政府相关部门通报突发事件信息。专业机构、监测网点和信息报告员应当及时向所在地人民政府及其有关主管部门报告突发事件信息。

有关单位和人员报送、报告突发事件信息，应当做到及时、客观、真实，不得迟报、谎报、瞒报、漏报。

第四十条 县级以上地方各级人民政府应当及时汇总分析突发事件隐患和预警信息，必要时组织相关部门、专业技术人员、专家学者进行会商，对发生突发事件的可能性及其可能造成的影响进行评估；认为可能发生重大或者特别重大突发事件的，应当立即向上级人民政府报告，并向上级人民政府有关部门、当地驻军和可能受到危害的毗邻或者相关地区的人民政府通报。

第四十一条 国家建立健全突发事件监测制度。

县级以上人民政府及其有关部门应当根据自然灾害、事故灾难和公共卫生事件的种类和特点，建立健全基础信息数据库，完善监测网络，划分监测区域，确定监测点，明确监测项目，提供必要的设备、设施，配备专职或者兼职人员，对可能发生的突发事件进行监测。

第四十二条 国家建立健全突发事件预警制度。

可以预警的自然灾害、事故灾难和公共卫生事件的预警级别，按照突发事件发生的紧急程度、发展势态和可能造成的危害程度分为一级、二级、三级和四级，分别用红色、橙色、黄色和蓝色标示，一级为最高级别。

预警级别的划分标准由国务院或者国务院确定的部门制定。

第四十三条 可以预警的自然灾害、事故灾难或者公共卫生事件即将发生或者发生的可能性增大时，县级以上地方各级人民政府应当根据有关法律、行政法规和国务院规定的权限和程序，发布相应级别的警报，决定并宣布有关地区进入预警期，同时向上一级人民政府报告，必要时可以越级上报，并向当地驻军和可能受到危害的毗邻或者相关地区的人民政府通报。

第四十四条 发布三级、四级警报，宣布进入预警期后，县级以上地方各级人民政府应当根据即将发生的突发事件的特点和可能造成的危害，采取下列措施：

（一）启动应急预案；

（二）责令有关部门、专业机构、监测网点和负有特定职责的人员及时收集、报告有关信息，向社会公布反映突发事件信息的渠道，加强对突发事件发生、发展情况的监测、预报和预警工作；

（三）组织有关部门和机构、专业技术人员、有关专家学者，随时对突发事件信息进行分析评估，预测发生突发事件可能性的大小、影响范围和强度以及可能发生的突发事件的级别；

（四）定时向社会发布与公众有关的突发事件预测信息和分析评估结果，并对相关信息的报道工作进行管理；

（五）及时按照有关规定向社会发布可能受到突发事件危害的警告，宣传避免、减轻危害的常识，公布咨询电话。

第四十五条 发布一级、二级警报，宣布进入预警期后，县级以上地方各级人民政府除采取本法第四十四条规定的措施外，还应当针对即将发生的突发事件的特点和可能造成的危害，采取下列一项或者多项措施：

（一）责令应急救援队伍、负有特定职责的人员进入待命状态，并动员后备人员做好参加应急救援和处置工作的准备；

（二）调集应急救援所需物资、设备、工具，准备应急设施和避难场所，并确保其处于良好状态、随时可以投入正常使用；

（三）加强对重点单位、重要部位和重要基础设施的安全保卫，维护社会治安秩序；

（四）采取必要措施，确保交通、通信、供水、排水、供电、供气、供热等公共设施的安全和正常运行；

（五）及时向社会发布有关采取特定措施避免或者减轻危害的建议、劝告；

（六）转移、疏散或者撤离易受突发事件危害的人员并予以妥善安置，转移重要财产；

（七）关闭或者限制使用易受突发事件危害的场所，控制或者限制容易导致危害扩大的公共场所的活动；

（八）法律、法规、规章规定的其他必要的防范性、保护性措施。

第四十六条 对即将发生或者已经发生的社会安全事件，县级以上地方各级人民政府及其有关主管部门应当按照规定向上一级人民政府及其有关主管部门报告，必要时可以越级上报。

第四十七条 发布突发事件警报的人民政府应当根据事态的发展，按照有关规定适时调整预警级别并重新发布。

有事实证明不可能发生突发事件或者危险已经解除的，发布警报的人民政府应当立即宣布解除警报，终止预警期，并解除已经采取的有关措施。

第四章 应急处置与救援

第四十八条 突发事件发生后，履行统一领导职责或者组织处置突发事件的人民政府应当针对其性质、特点和危害程度，立即组织有关部门，调动应急救援队伍和社会力量，依照本章的规定和有关法律、法规、规章的规定采取应急处置措施。

第四十九条 自然灾害、事故灾难或者公共卫生事件发生后，履行统一领导职责的人民政府可以采取下列一项或者多项应急处置措施：

（一）组织营救和救治受害人员，疏散、撤离并妥善安置受到威胁的人员以及采取其他救助措施；

（二）迅速控制危险源，标明危险区域，封锁危险场所，划定警戒区，实行交通管制以及其他控制措施；

（三）立即抢修被损坏的交通、通信、供水、排水、供电、供气、供热等公共设施，向受到危害的人员提供避难场所和生活必需品，实施医疗救护和卫生防疫以及其他保障措施；

（四）禁止或者限制使用有关设备、设施，关闭或者限制使用有关场所，中止人员密集的活动或者可能导致危害扩大的生产经营活动以及采取其他保护措施；

（五）启用本级人民政府设置的财政预备费和储备的应急救援物资，必要时调用其他急需物资、设备、设施、工具；

（六）组织公民参加应急救援和处置工作，要求具有特定专长的人员提供服务；

（七）保障食品、饮用水、燃料等基本生活必需品的供应；

（八）依法从严惩处囤积居奇、哄抬物价、制假售假等扰乱市场秩序的行为，稳定市场价格，维护市场秩序；

（九）依法从严惩处哄抢财物、干扰破坏应急处置工作等扰乱社会秩序的行为，维护社会治安；

（十）采取防止发生次生、衍生事件的必要措施。

第五十条　社会安全事件发生后，组织处置工作的人民政府应当立即组织有关部门并由公安机关针对事件的性质和特点，依照有关法律、行政法规和国家其他有关规定，采取下列一项或者多项应急处置措施：

（一）强制隔离使用器械相互对抗或者以暴力行为参与冲突的当事人，妥善解决现场纠纷和争端，控制事态发展；

（二）对特定区域内的建筑物、交通工具、设备、设施以及燃料、燃气、电力、水的供应进行控制；

（三）封锁有关场所、道路，查验现场人员的身份证件，限制有关公共场所内的活动；

（四）加强对易受冲击的核心机关和单位的警卫，在国家机关、军事机关、国家通讯社、广播电台、电视台、外国驻华使领馆等单位附近设置临时警戒线；

（五）法律、行政法规和国务院规定的其他必要措施。

严重危害社会治安秩序的事件发生时，公安机关应当立即依法出动警力，根据现场情况依法采取相应的强制性措施，尽快使社会秩序恢复正常。

第五十一条　发生突发事件，严重影响国民经济正常运行时，国务院或者国务院授权的有关主管部门可以采取保障、控制等必要的应急措施，保障人民群众的基本生活需要，最大限度地减轻突发事件的影响。

第五十二条　履行统一领导职责或者组织处置突发事件的人民政府，必要时可以向单位和个人征用应急救援所需设备、设施、场地、交通工具和其他物资，请求其他地方人民政府提供人力、物力、财力或者技术支援，要求生产、供应生活必需品和应急救援物资的企业组织生产、保证供给，要求提供医疗、交通等公共服务的组织提供相应的服务。

履行统一领导职责或者组织处置突发事件的人民政府，应当组织协调运输经营单位，优先运送处置突发事件所需物资、设备、工具、应急救援人员和受到突发事件危害的人员。

第五十三条 履行统一领导职责或者组织处置突发事件的人民政府，应当按照有关规定统一、准确、及时发布有关突发事件事态发展和应急处置工作的信息。

第五十四条 任何单位和个人不得编造、传播有关突发事件事态发展或者应急处置工作的虚假信息。

第五十五条 突发事件发生地的居民委员会、村民委员会和其他组织应当按照当地人民政府的决定、命令，进行宣传动员，组织群众开展自救和互救，协助维护社会秩序。

第五十六条 受到自然灾害危害或者发生事故灾难、公共卫生事件的单位，应当立即组织本单位应急救援队伍和工作人员营救受害人员，疏散、撤离、安置受到威胁的人员，控制危险源，标明危险区域，封锁危险场所，并采取其他防止危害扩大的必要措施，同时向所在地县级人民政府报告；对因本单位的问题引发的或者主体是本单位人员的社会安全事件，有关单位应当按照规定上报情况，并迅速派出负责人赶赴现场开展劝解、疏导工作。

突发事件发生地的其他单位应当服从人民政府发布的决定、命令，配合人民政府采取的应急处置措施，做好本单位的应急救援工作，并积极组织人员参加所在地的应急救援和处置工作。

第五十七条 突发事件发生地的公民应当服从人民政府、居民委员会、村民委员会或者所属单位的指挥和安排，配合人民政府采取的应急处置措施，积极参加应急救援工作，协助维护社会秩序。

第五章 事后恢复与重建

第五十八条 突发事件的威胁和危害得到控制或者消除后，履行统一领导职责或者组织处置突发事件的人民政府应当停止执行依照本法规定采取的应急处置措施，同时采取或者继续实施必要措施，防止发生自然灾害、事故灾难、公共卫生事件的次生、衍生事件或者重新引发社会安全事件。

第五十九条 突发事件应急处置工作结束后，履行统一领导职责的人民政府应当立即组织对突发事件造成的损失进行评估，组织受影响地区尽快恢复生产、生活、工作和社会秩序，制定恢复重建计划，并向上一级人民政府报告。

受突发事件影响地区的人民政府应当及时组织和协调公安、交通、铁路、民航、邮电、建设等有关部门恢复社会治安秩序，尽快修复被损坏的交通、通信、供水、排水、供电、供气、供热等公共设施。

第六十条 受突发事件影响地区的人民政府开展恢复重建工作需要上一级人民政府支持的，可以向上一级人民政府提出请求。上一级人民政府应当根据受影响地区遭受的损失和实际情况，提供资金、物资支持和技术指导，组织其他地区提供资金、物资和人力支援。

第六十一条 国务院根据受突发事件影响地区遭受损失的情况，制定扶持该地区有关行业发展的优惠政策。

受突发事件影响地区的人民政府应当根据本地区遭受损失的情况，制定救助、补偿、抚慰、抚恤、安置等善后工作计划并组织实施，妥善解决因处置突发事件引发的矛盾和纠纷。

公民参加应急救援工作或者协助维护社会秩序期间，其在本单位的工资待遇和福利不变；表现突出、成绩显著的，由县级以上人民政府给予表彰或者奖励。

县级以上人民政府对在应急救援工作中伤亡的人员依法给予抚恤。

第六十二条 履行统一领导职责的人民政府应当及时查明突发事件的发生经过和原因，总结突发事件应急处置工作的经验教训，制定改进措施，并向上一级人民政府提出报告。

第六章 法律责任

第六十三条 地方各级人民政府和县级以上各级人民政府有关部门违反本法规定，不履行法定职责的，由其上级行政机关或者监察机关责令改正；有下列情形之一的，根据情节对直接负责的主管人员和其他直接责任人员依法给予处分：

（一）未按规定采取预防措施，导致发生突发事件，或者未采取必要的防范措施，导致发生次生、衍生事件的；

（二）迟报、谎报、瞒报、漏报有关突发事件的信息，或者通报、报送、公布虚假信息，造成后果的；

（三）未按规定及时发布突发事件警报、采取预警期的措施，导致损害发生的；

（四）未按规定及时采取措施处置突发事件或者处置不当，造成后果的；

（五）不服从上级人民政府对突发事件应急处置工作的统一领导、指挥和协调的；

（六）未及时组织开展生产自救、恢复重建等善后工作的；

（七）截留、挪用、私分或者变相私分应急救援资金、物资的；

（八）不及时归还征用的单位和个人的财产，或者对被征用财产的单位和个人不按规定给予补偿的。

第六十四条 有关单位有下列情形之一的，由所在地履行统一领导职责的人民政府责令停产停业，暂扣或者吊销许可证或者营业执照，并处五万元以上二十万元以下的罚款；构成违反治安管理行为的，由公安机关依法给予处罚：

（一）未按规定采取预防措施，导致发生严重突发事件的；

（二）未及时消除已发现的可能引发突发事件的隐患，导致发生严重突发事件的；

（三）未做好应急设备、设施日常维护、检测工作，导致发生严重突发事件或者突发事件危害扩大的；

（四）突发事件发生后，不及时组织开展应急救援工作，造成严重后果的。

前款规定的行为，其他法律、行政法规规定由人民政府有关部门依法决定处罚的，从其规定。

第六十五条 违反本法规定，编造并传播有关突发事件事态发展或者应急处置工作的虚假信息，或者明知是有关突发事件事态发展或者应急处置工作的虚假信息而进行传播的，责令改正，给予警告；造成严重后果的，依法暂停其业务活动或者吊销其执业许可证；负有直接责任的人员是国家工作人员的，还应当对其依法给予处分；构成违反治安管理行为的，由公安机关依法给予处罚。

第六十六条 单位或者个人违反本法规定，不服从所在地人民政府及其有关部门发布的决定、命令或者不配合其依法采取的措施，构成违反治安管理行为的，由公安机关依法给予处罚。

第六十七条 单位或者个人违反本法规定，导致突发事件发生或者危害扩大，给他人人身、财产造成损害的，应当依法承担民事责任。

第六十八条 违反本法规定，构成犯罪的，依法追究刑事责任。

第七章 附 则

第六十九条 发生特别重大突发事件，对人民生命财产安全、国家安全、公共安全、环境安全或者社会秩序构成重大威胁，采取本法和其他有关法律、法规、规章规定的应急处置措施不能消除或者有效控制、减轻其严重社会危害，需要进入紧急状态的，由全国人民代表大会常务委员会或者国务院依照宪法和其他有关法律规定的权限和程序决定。

紧急状态期间采取的非常措施，依照有关法律规定执行或者由全国人民代表大会常务委员会另行规定。

第七十条 本法自2007年11月1日起施行。

中小学幼儿园安全管理办法

（2006年6月30日中华人民共和国教育部令第23号公布
自2006年9月1日起施行）

第一章 总 则

第一条 为加强中小学、幼儿园安全管理，保障学校及其学生和教职工的人身、财产安全，维护中小学、幼儿园正常的教育教学秩序，根据《中华人民共和国教育法》等法律法规，制定本办法。

第二条 普通中小学、中等职业学校、幼儿园（班）、特殊教育学校、工读学校（以下统称学校）的安全管理适用本办法。

第三条 学校安全管理遵循积极预防、依法管理、社会参与、各负其责的方针。

第四条 学校安全管理工作主要包括：

（一）构建学校安全工作保障体系，全面落实安全工作责任制和事故责任追究制，保障学校安全工作规范、有序进行；

（二）健全学校安全预警机制，制定突发事件应急预案，完善事故预防措施，及时排除安全隐患，不断提高学校安全工作管理水平；

（三）建立校园周边整治协调工作机制，维护校园及周边环境安全；

（四）加强安全宣传教育培训，提高师生安全意识和防护能力；

（五）事故发生后启动应急预案、对伤亡人员实施救治和责任追究等。

第五条 各级教育、公安、司法行政、建设、交通、文化、卫生、工商、质检、新闻出版等部门在本级人民政府的领导下，依法履行学校周边治理和学校安全的监督与管理职责。

学校应当按照本办法履行安全管理和安全教育职责。

社会团体、企业事业单位、其他社会组织和个人应当积极参与和支持学校安全工作，依法维护学校安全。

第二章　安全管理职责

第六条　地方各级人民政府及其教育、公安、司法行政、建设、交通、文化、卫生、工商、质检、新闻出版等部门应当按照职责分工，依法负责学校安全工作，履行学校安全管理职责。

第七条　教育行政部门对学校安全工作履行下列职责：

（一）全面掌握学校安全工作状况，制定学校安全工作考核目标，加强对学校安全工作的检查指导，督促学校建立健全并落实安全管理制度；

（二）建立安全工作责任制和事故责任追究制，及时消除安全隐患，指导学校妥善处理学生伤害事故；

（三）及时了解学校安全教育情况，组织学校有针对性地开展学生安全教育，不断提高教育实效；

（四）制定校园安全的应急预案，指导、监督下级教育行政部门和学校开展安全工作；

（五）协调政府其他相关职能部门共同做好学校安全管理工作，协助当地人民政府组织对学校安全事故的救援和调查处理。

教育督导机构应当组织学校安全工作的专项督导。

第八条　公安机关对学校安全工作履行下列职责：

（一）了解掌握学校及周边治安状况，指导学校做好校园保卫工作，及时依法查处扰乱校园秩序、侵害师生人身、财产安全的案件；

（二）指导和监督学校做好消防安全工作；

（三）协助学校处理校园突发事件。

第九条　卫生部门对学校安全工作履行下列职责：

（一）检查、指导学校卫生防疫和卫生保健工作，落实疾病预防控制措施；

（二）监督、检查学校食堂、学校饮用水和游泳池的卫生状况。

第十条　建设部门对学校安全工作履行下列职责：

（一）加强对学校建筑、燃气设施设备安全状况的监管，发现安全事故隐患的，应当依法责令立即排除；

（二）指导校舍安全检查鉴定工作；

（三）加强对学校工程建设各环节的监督管理，发现校舍、楼梯护栏及其他教学、生活设施违反工程建设强制性标准的，应责令纠正；

（四）依法督促学校定期检验、维修和更新学校相关设施设备。

第十一条 质量技术监督部门应当定期检查学校特种设备及相关设施的安全状况。

第十二条 公安、卫生、交通、建设等部门应当定期向教育行政部门和学校通报与学校安全管理相关的社会治安、疾病防治、交通等情况，提出具体预防要求。

第十三条 文化、新闻出版、工商等部门应当对校园周边的有关经营服务场所加强管理和监督，依法查处违法经营者，维护有利于青少年成长的良好环境。

司法行政、公安等部门应当按照有关规定履行学校安全教育职责。

第十四条 举办学校的地方人民政府、企业事业组织、社会团体和公民个人，应当对学校安全工作履行下列职责：

（一）保证学校符合基本办学标准，保证学校围墙、校舍、场地、教学设施、教学用具、生活设施和饮用水源等办学条件符合国家安全质量标准；

（二）配置紧急照明装置和消防设施与器材，保证学校教学楼、图书馆、实验室、师生宿舍等场所的照明、消防条件符合国家安全规定；

（三）定期对校舍安全进行检查，对需要维修的，及时予以维修；对确认的危房，及时予以改造。

举办学校的地方人民政府应当依法维护学校周边秩序，保障师生和学校的合法权益，为学校提供安全保障。

有条件的，学校举办者应当为学校购买责任保险。

第三章 校内安全管理制度

第十五条 学校应当遵守有关安全工作的法律、法规和规章，建立健全校内各项安全管理制度和安全应急机制，及时消除隐患，预防发生事故。

第十六条 学校应当建立校内安全工作领导机构，实行校长负责制；应当设立保卫机构，配备专职或者兼职安全保卫人员，明确其安全保卫职责。

第十七条 学校应当健全门卫制度，建立校外人员入校的登记或者验证制度，禁止无关人员和校外机动车入内，禁止将非教学用易燃易爆物品、有毒物品、动物和管制器具等危险物品带入校园。

学校门卫应当由专职保安或者其他能够切实履行职责的人员担任。

第十八条 学校应当建立校内安全定期检查制度和危房报告制度，按照国家有关规定安排对学校建筑物、构筑物、设备、设施进行安全检查、检验；发现存在安全隐患的，应当停止使用，及时维修或者更换；维修、更换前应当采取必要的防护措施或者设置警示标志。学校无力解决或者无法排除的重大安全隐患，应当及时书面报告主管部门和其他相关部门。

学校应当在校内高地、水池、楼梯等易发生危险的地方设置警示标志或者采取防护设施。

第十九条 学校应当落实消防安全制度和消防工作责任制，对于政府保障配备的消防设施和器材加强日常维护，保证其能够有效使用，并设置消防安全标志，保证疏散通道、安全出口和消防车通道畅通。

第二十条 学校应当建立用水、用电、用气等相关设施设备的安全管理制度，定期进行检查或者按照规定接受有关主管部门的定期检查，发现老化或者损毁的，及时进行维修或者更换。

第二十一条 学校应当严格执行《学校食堂与学生集体用餐卫生管理规定》《餐饮业和学生集体用餐配送单位卫生规范》，严格遵守卫生操作规范。建立食堂物资定点采购和索证、登记制度与饭菜留验和记录制度，检查饮用水的卫生安全状况，保障师生饮食卫生安全。

第二十二条 学校应当建立实验室安全管理制度，并将安全管理制度和操作规程置于实验室显著位置。

学校应当严格建立危险化学品、放射物质的购买、保管、使用、登记、注销等制度，保证将危险化学品、放射物质存放在安全地点。

第二十三条 学校应当按照国家有关规定配备具有从业资格的专职医务（保健）人员或者兼职卫生保健教师，购置必需的急救器材和药品，保障对学生常见病的治疗，并负责学校传染病疫情及其他突发公共卫生事件的报告。有条件的学校，应当设立卫生（保健）室。

新生入学应当提交体检证明。托幼机构与小学在入托、入学时应当查验预防接种证。学校应当建立学生健康档案，组织学生定期体检。

第二十四条 学校应当建立学生安全信息通报制度，将学校规定的学生到校和放学时间、学生非正常缺席或者擅自离校情况，以及学生身体和心理的异常状况等关系学生安全的信息，及时告知其监护人。

对有特异体质、特定疾病或者其他生理、心理状况异常以及有吸毒行为的学生,学校应当做好安全信息记录,妥善保管学生的健康与安全信息资料,依法保护学生的个人隐私。

第二十五条 有寄宿生的学校应当建立住宿学生安全管理制度,配备专人负责住宿学生的生活管理和安全保卫工作。

学校应当对学生宿舍实行夜间巡查、值班制度,并针对女生宿舍安全工作的特点,加强对女生宿舍的安全管理。

学校应当采取有效措施,保证学生宿舍的消防安全。

第二十六条 学校购买或者租用机动车专门用于接送学生的,应当建立车辆管理制度,并及时到公安机关交通管理部门备案。接送学生的车辆必须检验合格,并定期维护和检测。

接送学生专用校车应当粘贴统一标识。标识样式由省级公安机关交通管理部门和教育行政部门制定。

学校不得租用拼装车、报废车和个人机动车接送学生。

接送学生的机动车驾驶员应当身体健康,具备相应准驾车型 3 年以上安全驾驶经历,最近 3 年内任一记分周期没有记满 12 分记录,无致人伤亡的交通责任事故。

第二十七条 学校应当建立安全工作档案,记录日常安全工作、安全责任落实、安全检查、安全隐患消除等情况。

安全档案作为实施安全工作目标考核、责任追究和事故处理的重要依据。

第四章 日常安全管理

第二十八条 学校在日常的教育教学活动中应当遵循教学规范,落实安全管理要求,合理预见、积极防范可能发生的风险。

学校组织学生参加的集体劳动、教学实习或者社会实践活动,应当符合学生的心理、生理特点和身体健康状况。

学校以及接受学生参加教育教学活动的单位必须采取有效措施,为学生活动提供安全保障。

第二十九条 学校组织学生参加大型集体活动,应当采取下列安全措施:

(一)成立临时的安全管理组织机构;

(二)有针对性地对学生进行安全教育;

(三)安排必要的管理人员,明确所负担的安全职责;

(四)制定安全应急预案,配备相应设施。

第三十条　学校应当按照《学校体育工作条例》和教学计划组织体育教学和体育活动，并根据教学要求采取必要的保护和帮助措施。

学校组织学生开展体育活动，应当避开主要街道和交通要道；开展大型体育活动以及其他大型学生活动，必须经过主要街道和交通要道的，应当事先与公安机关交通管理部门共同研究并落实安全措施。

第三十一条　小学、幼儿园应当建立低年级学生、幼儿上下学时接送的交接制度，不得将晚离学校的低年级学生、幼儿交与无关人员。

第三十二条　学生在教学楼进行教学活动和晚自习时，学校应当合理安排学生疏散时间和楼道上下顺序，同时安排人员巡查，防止发生拥挤踩踏伤害事故。

晚自习学生没有离校之前，学校应当有负责人和教师值班、巡查。

第三十三条　学校不得组织学生参加抢险等应当由专业人员或者成人从事的活动，不得组织学生参与制作烟花爆竹、有毒化学品等具有危险性的活动，不得组织学生参加商业性活动。

第三十四条　学校不得将场地出租给他人从事易燃、易爆、有毒、有害等危险品的生产、经营活动。

学校不得出租校园内场地停放校外机动车辆；不得利用学校用地建设对社会开放的停车场。

第三十五条　学校教职工应当符合相应任职资格和条件要求。学校不得聘用因故意犯罪而受到刑事处罚的人，或者有精神病史的人担任教职工。

学校教师应当遵守职业道德规范和工作纪律，不得侮辱、殴打、体罚或者变相体罚学生；发现学生行为具有危险性的，应当及时告诫、制止，并与学生监护人沟通。

第三十六条　学生在校学习和生活期间，应当遵守学校纪律和规章制度，服从学校的安全教育和管理，不得从事危及自身或者他人安全的活动。

第三十七条　监护人发现被监护人有特异体质、特定疾病或者异常心理状况的，应当及时告知学校。

学校对已知的有特异体质、特定疾病或者异常心理状况的学生，应当给予适当关注和照顾。生理、心理状况异常不宜在校学习的学生，应当休学，由监护人安排治疗、休养。

第五章　安全教育

第三十八条　学校应当按照国家课程标准和地方课程设置要求，将安全教育纳入教学内容，对学生开展安全教育，培养学生的安全意识，提高学生的自我防护能力。

第三十九条　学校应当在开学初、放假前，有针对性地对学生集中开展安全教育。新生入校后，学校应当帮助学生及时了解相关的学校安全制度和安全规定。

第四十条　学校应当针对不同课程实验课的特点与要求，对学生进行实验用品的防毒、防爆、防辐射、防污染等的安全防护教育。

学校应当对学生进行用水、用电的安全教育，对寄宿学生进行防火、防盗和人身防护等方面的安全教育。

第四十一条　学校应当对学生开展安全防范教育，使学生掌握基本的自我保护技能，应对不法侵害。

学校应当对学生开展交通安全教育，使学生掌握基本的交通规则和行为规范。

学校应当对学生开展消防安全教育，有条件的可以组织学生到当地消防站参观和体验，使学生掌握基本的消防安全知识，提高防火意识和逃生自救的能力。

学校应当根据当地实际情况，有针对性地对学生开展到江河湖海、水库等地方戏水、游泳的安全卫生教育。

第四十二条　学校可根据当地实际情况，组织师生开展多种形式的事故预防演练。

学校应当每学期至少开展一次针对洪水、地震、火灾等灾害事故的紧急疏散演练，使师生掌握避险、逃生、自救的方法。

第四十三条　教育行政部门按照有关规定，与人民法院、人民检察院和公安、司法行政等部门以及高等学校协商，选聘优秀的法律工作者担任学校的兼职法制副校长或者法制辅导员。

兼职法制副校长或者法制辅导员应当协助学校检查落实安全制度和安全事故处理、定期对师生进行法制教育等，其工作成果纳入派出单位的工作考核内容。

第四十四条　教育行政部门应当组织负责安全管理的主管人员、学校校长、幼儿园园长和学校负责安全保卫工作的人员，定期接受有关安全管理培训。

第四十五条 学校应当制定教职工安全教育培训计划，通过多种途径和方法，使教职工熟悉安全规章制度、掌握安全救护常识，学会指导学生预防事故、自救、逃生、紧急避险的方法和手段。

第四十六条 学生监护人应当与学校互相配合，在日常生活中加强对被监护人的各项安全教育。

学校鼓励和提倡监护人自愿为学生购买意外伤害保险。

第六章 校园周边安全管理

第四十七条 教育、公安、司法行政、建设、交通、文化、卫生、工商、质检、新闻出版等部门应当建立联席会议制度，定期研究部署学校安全管理工作，依法维护学校周边秩序；通过多种途径和方式，听取学校和社会各界关于学校安全管理工作的意见和建议。

第四十八条 建设、公安等部门应当加强对学校周边建设工程的执法检查，禁止任何单位或者个人违反有关法律、法规、规章、标准，在学校围墙或者建筑物边建设工程，在校园周边设立易燃易爆、剧毒、放射性、腐蚀性等危险物品的生产、经营、储存、使用场所或者设施以及其他可能影响学校安全的场所或者设施。

第四十九条 公安机关应当把学校周边地区作为重点治安巡逻区域，在治安情况复杂的学校周边地区增设治安岗亭和报警点，及时发现和消除各类安全隐患，处置扰乱学校秩序和侵害学生人身、财产安全的违法犯罪行为。

第五十条 公安、建设和交通部门应当依法在学校门前道路设置规范的交通警示标志，施画人行横线，根据需要设置交通信号灯、减速带、过街天桥等设施。

在地处交通复杂路段的学校上下学时间，公安机关应当根据需要部署警力或者交通协管人员维护道路交通秩序。

第五十一条 公安机关和交通部门应当依法加强对农村地区交通工具的监督管理，禁止没有资质的车船搭载学生。

第五十二条 文化部门依法禁止在中学、小学校园周围200米范围内设立互联网上网服务营业场所，并依法查处接纳未成年人进入的互联网上网服务营业场所。工商行政管理部门依法查处取缔擅自设立的互联网上网服务营业场所。

第五十三条 新闻出版、公安、工商行政管理等部门应当依法取缔学校周边兜售非法出版物的游商和无证照摊点，查处学校周边制售含有淫秽色情、凶杀暴力等内容的出版物的单位和个人。

第五十四条 卫生、工商行政管理部门应当对校园周边饮食单位的卫生状况进行监督，取缔非法经营的小卖部、饮食摊点。

第七章 安全事故处理

第五十五条 在发生地震、洪水、泥石流、台风等自然灾害和重大治安、公共卫生突发事件时，教育等部门应当立即启动应急预案，及时转移、疏散学生，或者采取其他必要防护措施，保障学校安全和师生人身财产安全。

第五十六条 校园内发生火灾、食物中毒、重大治安等突发安全事故以及自然灾害时，学校应当启动应急预案，及时组织教职工参与抢险、救助和防护，保障学生身体健康和人身、财产安全。

第五十七条 发生学生伤亡事故时，学校应当按照《学生伤害事故处理办法》规定的原则和程序等，及时实施救助，并进行妥善处理。

第五十八条 发生教职工和学生伤亡等安全事故的，学校应当及时报告主管教育行政部门和政府有关部门；属于重大事故的，教育行政部门应当按照有关规定及时逐级上报。

第五十九条 省级教育行政部门应当在每年 1 月 31 日前向国务院教育行政部门书面报告上一年度学校安全工作和学生伤亡事故情况。

第八章 奖励与责任

第六十条 教育、公安、司法行政、建设、交通、文化、卫生、工商、质检、新闻出版等部门，对在学校安全工作中成绩显著或者做出突出贡献的单位和个人，应当视情况联合或者分别给予表彰、奖励。

第六十一条 教育、公安、司法行政、建设、交通、文化、卫生、工商、质检、新闻出版等部门，不依法履行学校安全监督与管理职责的，由上级部门给予批评；对直接责任人员由上级部门和所在单位视情节轻重，给予批评教育或者行政处分；构成犯罪的，依法追究刑事责任。

第六十二条 学校不履行安全管理和安全教育职责，对重大安全隐患未及时采取措施的，有关主管部门应当责令其限期改正；拒不改正或者有下列情形之一的，教育行政部门应当对学校负责人和其他直接责任人员给予行政处分；

构成犯罪的，依法追究刑事责任：

（一）发生重大安全事故、造成学生和教职工伤亡的；

（二）发生事故后未及时采取适当措施、造成严重后果的；

（三）瞒报、谎报或者缓报重大事故的；

（四）妨碍事故调查或者提供虚假情况的；

（五）拒绝或者不配合有关部门依法实施安全监督管理职责的。

《中华人民共和国民办教育促进法》及其实施条例另有规定的，依其规定执行。

第六十三条 校外单位或者人员违反治安管理规定、引发学校安全事故的，或者在学校安全事故处理过程中，扰乱学校正常教育教学秩序、违反治安管理规定的，由公安机关依法处理；构成犯罪的，依法追究其刑事责任；造成学校财产损失的，依法承担赔偿责任。

第六十四条 学生人身伤害事故的赔偿，依据有关法律法规、国家有关规定以及《学生伤害事故处理办法》处理。

第九章 附 则

第六十五条 中等职业学校学生实习劳动的安全管理办法另行制定。

第六十六条 本办法自2006年9月1日起施行。